DEUTSCH · KRAMMER · **LIGURIEN**

Dorette Deutsch (Text)
Wolfgang Krammer (Fotos)

Ligurien

Küstenland zwischen Cinque Terre und Seealpen

Verlag Carinthia

1. Auflage 2005

www.verlag.carinthia.com

Lektorat: Mag. Martina Fürpass-Manges, Klagenfurt
Gestaltung: Pliessnig/TextDesign
Satz und Repro: TextDesign GmbH, Klagenfurt
Karte Seite 226–227: Felix Amode, München
Covermotiv: Manarola
Druck: Druckerei Theiss GmbH, Wolfsberg

ISBN 3-85378-591-3

Inhalt

Das Mosaik der Weinberge

Noch vor Sonnenaufgang machen wir uns auf den Weg und gehen den alten Maultierpfad hinunter zum Meer. Zu dieser Zeit ist noch kein einziges Geräusch, noch nicht einmal das ferne Flügelschlagen der Vögel zu hören, und wir tauchen in das tiefe Gefühl für die Landschaft ein. In den Cinque Terre ist es wie überall in Ligurien: steilste Hänge, überwachsen mit Grün, vor denen sich die unendliche Fläche des Meeres ausbreitet. Die Landschaft wirkt hart und friedlich zugleich. Es ist Herbst, und die großzügige Sonne hat Landschaft und Meer in ein wohltuend wärmendes Licht eingetaucht. Manchmal ist die ganze Küste in anheimelnde, dann wieder in fantastische, irreale Farben gehüllt. Die Terrassierungen der Steilhänge, auf denen Wein und Oliven angebaut werden, haben die Cinque Terre zu einem einmaligen Landschaftskunstwerk gemacht. Fotograf Wolfgang und ich blicken über die Landschaft und das Meer, und immer wieder kommt es vor, dass unser Blick zurückgerichtet ist. Doch nie ist er von Nostalgie erfüllt. Dazu ist gerade in den Cinque Terre die Erinnerung an die Armut der Vergangenheit oder zumindest an den harten Kampf, der kargen Erde überhaupt kultivierbaren Raum abzugewinnen, allzu gegenwärtig. Wir sind in einer Landschaft unterwegs, die in über tausend Jahren von Menschenhand entstanden ist. Und ohne die Arbeit dieser Menschen, die diese Landschaft geschaffen und bis heute erhalten haben, wird die einmalige Terrassenlandschaft bald Vergangenheit sein.

Auf unserer Reise durch Ligurien, so nehmen wir uns vor, wollen wir diesen Aspekt nie vergessen.

An manchen Tagen ist es, als hätten sich Himmel und Meer, eingetaucht in das gleiche Blau, wie ein schützender Gürtel um das Dorf und die Weinberge von Volastra gelegt: um Gassen, Steinhäuser, Gärten, Brunnen und die Kirche, die, etwas abseits liegend, die fortlaufenden Linien der Häuser überragt. Zu jedem der fünf Dörfer Riomaggiore, Manarola, Corniglia, Vernazza und Monterosso gehören Weiler auf den Anhöhen, die meist um eine Wallfahrtskirche erbaut wurden. Die Ansiedlungen auf den Hügeln haben lange vor den Dörfern am Meer existiert.

Volastra, oberhalb von Riomaggiore, ist ein harmonisches Dorf, in dem sich die ursprüngliche Anlage der Terrassen und die Dorfstruktur noch erkennen lassen.

Ausgerechnet dem Genueser Stadtheiligen San Lorenzo ist die Kirche gewidmet, erzählt Winzer Luciano Capellini, was darauf schließen lässt, dass es zwischen dem Dorf in den Weinbergen und der Seerepublik bereits ganz früh ausgeprägte Handelsbeziehungen gab. Der Wein von Volastra war schon im 16. Jahrhundert berühmt. Vierhundert Jahre sind seither vergangen – den Wein gibt es immer noch. Lässt sich das Vergehen von Zeit überhaupt am äußeren Bild der Landschaft ablesen? Oder haben sich die Errungenschaften der neuen Zeit in einer nicht mehr von den Regeln und dem Rhythmus der Natur bestimmten Welt nur wie eine dünne Schicht über das Gesicht von Volastra gelegt?

Volastra war ein sich selbst überlassener Ort, bis die Anbindung an das neue Transportsystem des Nationalparks Cinque Terre das Leben hier wieder möglich gemacht hat, erzählt Luciano Capellini, während wir zu seinem Weinberg gehen. Noch vor wenigen Jahren wäre kein Besucher freiwillig den steilen Hang heraufgekommen. Viermal am Tag stellen die grünen Elektrobusse die Verbindung zur Küste her. Zweihundert Einwohner hat Volastra, und inzwischen leben nicht nur alte Leute hier.

Das ruhige Dorf inmitten der Weinberge zieht Besucher an, ist aber doch so weit vom Strand entfernt, dass ihre Anzahl überschaubar bleibt. Vier Millionen Besucher im Jahr bewegen sich inzwischen auf den Wegen der Cinque Terre; eine Masse, die der gerade fünfzehn Kilometer lange Küstenstreifen kaum noch vertragen kann. Daran hat auch das Eintrittsticket für die berühmte »Via dell`Amore«, die an der Küste entlangführt, nichts geändert.

Nach Volastra kommt, wer sich für das ursprüngliche Leben in den Cinque Terre interessiert. Hier hat der Nationalpark mit dem Konzept des »sanften« Tourismus eine sinnvolle Perspektive geschaffen.

Vielleicht war es an irgendeinem Septembertag wie bei unserem ersten Besuch, – die Sonne hatte die Hänge in goldenes Licht getaucht –, als Luciano Capellini beschloss, neben seiner hauptberuflichen Sozialarbeit in Parma den alten Weinkeller seines Großvaters wieder herzurichten und die aufgegebenen Weinberge zu roden und neu zu bestellen. Sein Vater war zu diesem Zeitpunkt schon seit vielen Jahren tot, und seine Mutter hatte jahrelang allein die Terrassen bestellt, so gut es ihr eben möglich war. Bis ihre beiden Söhne groß geworden waren, wollte sie den Familienbesitz erhalten. In den Cinque Terre war das normal. Seit dem Ende des 19. Jahrhunderts wurden die Terrassen weitgehend von den Frauen bestellt, weil das Haupteinkommen der Familien andernorts erwirtschaftet werden musste. Vielleicht, sagt Luciano heute, hat er durch die Erzählungen seiner Mutter verstanden, dass die Weinberge des Großvaters der wirkliche Reichtum der Familie waren. Was für die Erde gut ist, ist auch schön, hatte der immer gesagt, und was in der Landschaft schön ist, ist auch gut. Luciano erinnerte sich daran und hat sich entlang der schmalen Pfade auf in die alten Weinberge gemacht.

Wir wollen von seiner Mutter Giulia wissen, wie das Leben früher einmal ablief und merken an ihrem Blick, dass es einfach unspektakulär, aber immer von unendlich mühsamen, langen Wegen und dem Rhythmus der Natur bestimmt war. Sie selbst ist im nahen Val di Taro geboren, ist nach ihrer Heirat nach Volastra gezogen, hat ihre Kinder aufwachsen sehen, hat von den anderen Frauen gelernt, alles, was aus dem Meer und aus den Gemüsegärten kommt, zu den köstlichen Gerichten der Cinque Terre zu verwandeln. Ihr Leben lang hat sie den »orto«, den Gemüsegarten zwischen Oliven- und Zitronenbäumen, mit Mangold, Bohnen, Zucchini, Auberginen und Kartoffeln im Sommer, mit Artischocken und Kürbissen im Winter bestellt. Später hat sie, als ihre Kinder größer waren, ihrem Mann im Weinberg geholfen. Hier hat sie all die Handgriffe gelernt, die sie später ihren Söhnen weitergegeben hat.

Die »cantina«, womit mehr als nur der Weinkeller, sondern die gesamte Prozedur des Weinmachens gemeint ist, erzählt Luciano, bildete zur Zeit seines Großvaters die Grundlage für das Familieneinkommen. Die Gewölbe des Kellers – heute noch erhalten – sind schon vor dem Jahr 1500 dokumentiert. Achttausend Liter Wein wurden hier in der zweiten Hälfte des 19. Jahrhunderts produziert. In schweren Holzfässern wurde der Wein auf dem Eselsrücken den steilen Weg hinunter bis zum Bahnhof von Manarola transportiert. Zum Glück gab es damals die Eisenbahnlinie schon. Aus vergangener Zeit haben sich die Geschichten von den ständig zerstrittenen Dörfern und der Anekdote von dem weisen Eremiten erhalten. Den hatte man nämlich mit einer Flasche Wein aus jedem Dorf als

Geschenk aufgesucht, um zu erfahren, wie der Streit zu schlichten sei. »Mischt eure Weine«, soll der weise Mann damals geantwortet haben, »und schließt Frieden.« Man hat damals also nur das getan, was die Cooperative von Volastra heute macht: Die Trauben aus allen fünf Dörfern werden zu einem guten DOC-Wein vermischt. Ist diese Tradition damals entstanden? In der Cooperative unterhalb von Volastra liefern die meisten Anbauer ihre Trauben ab.

»Bevor die Eisenbahnlinie fertig gestellt war, verliefen alle Transportwege in Ligurien ausschließlich vertikal, von den Dörfern hinunter ans Meer und umgekehrt«, schreibt Winzer Luciano Moggia aus Vernazza in seinen Erinnerungen. »Mein Großvater besaß zwölf Esel und transportierte jeden Tag große Warenmengen vom Hinterland hinunter zum Meer, darunter auch Dynamit, um die Bahnlinie aus den Felsen zu sprengen.«

Luciano Moggia, der in Vernazza einen Weinberg betreibt, ist einer der wenigen, der seine Erinnerungen, wie sie für viele Familien typisch sind, schriftlich festgehalten hat.

»Mein Großvater ist durch den Transport reich geworden, konnte sich einen ganzen Weinberg kaufen und für jeden seiner drei Söhne ein Haus bauen. Die Töchter würden natürlich heiraten und das Haus verlassen. Um die Tiere zu tränken, die Gemüse- und Weingärten zu bewässern, hat er, nach seinem eigenen Plan, eine drei Kilometer lange Wasserleitung quer durch den Wald gegraben. Den ganzen Hügel entlang hat er die Trockenmauern wieder aufgebaut, Weinreben angepflanzt und aus den Trauben einen hervorragenden Wein produziert. Zu dieser Zeit wuchsen die Weinreben wie von selbst. Man pflanzte einen kleinen Zweig in die Erde, und ehe man sich versah, wurde ein richtiger Rebstock daraus. Die Reben brauchten damals so gut wie keine Pflege, sie wurden noch nicht einmal geschnitten. Ab und zu wurde mit der Sense das Gras darunter gemäht, und das war alles.« Weißwein aus den Cinque Terre hat eine lange Tradition: Der berühmte Vernaccia geht angeblich auf den Namen Vernazza zurück.

Doch mit dem Bau der Eisenbahn änderten sich langsam auch die Lebensbedingungen in dem abgelegenen Gebiet. Bereits zur Zeit seines Vaters, der den Schlüssel zur »cantina« von seinem Vater übernommen hatte, erzählt Luciano, wurde die Weinproduktion in den Familien meist nur noch als Zweitarbeit aufrechterhalten. Bereits damals hatten viele beim Bau der Eisenbahn oder im Arsenal von La Spezia Arbeit gefunden.

Auch der Ertrag war zurückgegangen: Nun waren es keine 8000 Liter mehr wie in der vorherigen Generation, sondern gerade noch 2400. Als Erwerbsquelle lohnte sich der Weinanbau nicht mehr. Der Ertrag ging zurück, so dass der Wein gerade noch für den Eigenbedarf ausreichte. In diesem Jahr werden es zum ersten Mal wieder 800–900 Liter DOC-Wein sein.

Manarola mit seinen bunten Häusern

Weinkeller in Volastra (links), **Impressionen aus Riomaggiore** (rechts) **und Monterosso** (rechte Seite)

Menschen an der Küste – eine lebenslange Verbundenheit (vorherige Doppelseite 16–17)
Eng aneinander geschmiegte Häuser in Vernazza (vorherige Doppelseite 18–19)
Die Weingärten von Volastra mit weitem Blick auf das Meer (vorherige Doppelseite 20–21)

Küstenlandschaft der Cinque Terre (linke Seite)
Der Dessertwein mit dem unaussprechlichen Namen Sciacchetrà (links) **Riomaggiore** (rechts)

Idyllischer Platz bei Portofino

In der »cantina« des Großvaters hat Luciano Capellini liebevoll die antiken Arbeitsgeräte aufbewahrt und sie mit den ursprünglichen Dialektnamen beschriftet.

»Auch wenn die Fässer und Arbeitsgeräte modern geworden sind«, sagt Luciano, »so soll die Verbindung zur Vergangenheit doch nicht verloren gehen.« Luciano sieht heute noch seinen Großvater vor sich, wie er unter den niedrigen Pergolen der »Costa de posa« die goldenen Trauben geerntet hat. Großvater Bernardo kannte viele Geheimnisse des Weins: Für ihn musste ein richtig guter Weißwein die Süße der »Costa de posa« haben, auf die die Sonne am intensivsten schien. Doch die süßesten Trauben wurden mit den etwas herberen aus dem »Valle dei pozzi«, dem gegenüberliegenden Tal der Brunnen, vermischt. Außer dem DOC-Weißwein stellt Luciano Capellini heute den besonderen »vin di buccia«, einen Süßwein, und den fast legendären Sciacchetrà her.

Der Dessertwein mit dem unaussprechlichen Namen gilt in den Cinque Terre und bei ihren Fans als Mythos: Den echten erkennt man daran, dass er nicht verkauft wird, weil er unbezahlbar ist und natürlich kein Etikett hat. Seine Bewunderer erkennen ihn daran, dass er leicht moussierend ist und eine Nuance herben Nachgeschmack hat. Woher dieser mehr als seltsame Name kommt? Nach dem Ursprung des Namens hat sich Luciano in der Familienchronik umgesehen.

Jahrelang hatten auch wir eine Antwort gesucht und sie schließlich in Volastra bekommen: »Jedes Mal, wenn der Großhändler kam und man sich über den Preis einig geworden ist, lautete die Frage: Habt ihr nicht zwei Flaschen von dem ›Sciacchetrà‹? Erst viel später«, so erzählt Luciano, »nachdem ich die Gesten des Großvaters rekonstruiert habe, habe ich den Namen des Weins, verfälscht durch den Genueser Dialekt, verstanden.« Der Name setzt sich für ihn aus zwei Bezeichnungen zusammen: »schiaccia« Trauben zerquetschen im Dialekt, »meta-trà« zwischen den Fässern verstecken; also da, wo der goldfarbene Messwein verborgen war. Aus den beiden Dialektwörtern, die sich auf die Herstellung und auf die Geste beziehen, mit der der wertvolle Wein versteckt wurde, war schließlich der bis heute erhaltene Name entstanden.

Die Tradition schrieb damals vor, dass jede Familie einen Monat im Jahr den sonntäglichen Messwein zu stellen hatte. Ansonsten wurde der »Sciacchetrà« nur zu besonderen Festen getrunken. Er war in der Hauptsache für die Familie gedacht, besondere Ereignisse, Taufen, die erste Kommunion und Hochzeiten feierte man damit. Winzige Mengen davon wurden Gästen, ausgewählten Freunden, angeboten. Sciacchetrà hat die Farbe von Amber und einen Alkoholgehalt von 17 Grad.

Der Wein aus den Cinque Terre war seit jeher jeder fürstlichen Tafel würdig und nahm von Volastra aus seinen Weg: über den

Hafen von Genua in die Hauptstädte Europas. Schon Dokumente aus dem Jahr 1200 geben Zeugnis davon. Für den Sciacchetrà wurden nur die besten Trauben ausgesucht, die gleich nach der Ernte in der »cantina« aufgehängt und nach Allerheiligen im November nach einem speziellen Verfahren gepresst wurden. Die Trauben, die auf den Hügeln von Volastra wuchsen, erinnert sich Luciano, waren keine Früchte, sondern pures Gold.

Und der weiße Wein der Cinque Terre? Er wird aus autochthonen Rebsorten, einer Mischung aus Bosco-, Albarola- und Vermentino-Trauben, hergestellt. Die DOC-Weine enthalten meist vierzig Prozent Bosco-Trauben, während der Anteil der anderen Traubensorten variabel ist; die Vermentino-Rebe verleiht den typischen Duft und Geschmack. Der Weißwein ist strohfarben, passt am besten zu Fisch, zu den typischen Reis- oder Gemüsetorten, zu eingelegten Sardinen mit Brot und einem Tropfen Öl.

Volastra liegt wieder in seinem besonderen Licht, und wir gehen mit Luciano in die Weinberge hinauf. Die Wege sind mit winzigen Treppen aus Natursteinen durchsetzt, steil und unbequem. Vom Meer, das in der gleißenden Sonne vor uns liegt, sind wir immer nur durch den Abgrund entfernt. Als uns Luciano dann vor Ort über die beste Mischung der Trauben von den schattigen oder sonnenbeschienenen Hängen seines Großvaters erzählt, denken wir, ja, so muss es sein! In über tausend Jahren haben die

Menschen in den Cinque Terre gelernt, unter welchen natürlichen Bedingungen der beste Wein entsteht und entsprechend dieser uralten Gesetze haben sie ihre Rebstöcke bestellt. Wir bewundern die mühsame Arbeit von Lucianos Großvater – und verstehen jeden, der sie heute nicht mehr macht. An der Küste verdient man gut am Tourismus, der durch Weltkulturerbe und Nationalpark zugenommen hat. Vor allem die junge Generation hat sich an das leicht verdiente Geld gewöhnt und die Mühen ihrer Eltern und Großeltern vergessen. Aber die Kulturlandschaft der Cinque Terre wurde nicht von der Natur, sondern von Menschen geschaffen. Landschaft und Landwirtschaft gehören untrennbar zusammen. Wenn sich die Lebensweise der Menschen ändert, wird der Verfall der Landschaft nicht mehr aufzuhalten sein.

Überall sehen wir das gleiche faszinierende und doch zerstörerische Mosaik: Auch in Volastra wird gerade noch die Hälfte der Terrassen bestellt. Dazwischen macht sich die berüchtigte mediterrane Macchia breit. Ihr Duft zwischen den Weinstöcken ist verführerisch. Doch für Lucianos Weinstöcke wird sie, wenn die tiefen Wurzeln nicht rechtzeitig gerodet werden, verheerend sein. An vielen Steilhängen haben die »monorotaie«, die Lastzüge nach Schweizer Modell, die Ernte und den Transport allerdings etwas leichter gemacht. Ohne dieses Hilfsmittel wären sicher noch viel mehr Anbauflächen ungenützt.

Lucianos Traum wäre es, jungen Leuten Feriencamps anzubieten, um alle, die die Cinque Terre lieben, in den mühsamen Erhalt mit einzubeziehen. Zwischen der »Lega Ambiente« und dem deutschen »Bund Naturschutz« gibt es bereits ein Versuchsprojekt, das allerdings noch in den Anfängen steckt. Vielleicht könnte man auch Winzer und Umweltschützer aus anderen Ländern dafür gewinnen?

Als wir nach dem Gang durch die Weinberge schließlich die »cantina« betreten, hat Lucianos frischer Weißwein mit dem liebevollen Etikett einen ganz anderen Geschmack: Wir haben die Terrassen über dem Meer und die unendlich mühsame Arbeit gesehen.

Lucianos Mutter Giulia hat in der Zwischenzeit die traditionellen Gerichte der Cinque Terre zubereitet. Es gibt salzige Torten mit Mangold und Kartoffeln, die je nach Jahreszeit auch mit Zucchini oder Kürbis variieren. Sie kredenzt geröstetes Brot mit Tomaten und Oregano, das stark duftende Gewürz, ohne das die Küche Liguriens gar nicht denkbar ist. Es gibt die köstlichen Würste aus Pignone, die Luciano zum Trocknen in seinem Weinkeller aufgehängt hat. Und schließlich bringt Signora Giulia noch eine besondere Köstlichkeit herein: eingelegte Sardinen, die sie von Salz befreit und mit eigenem Öl, winzigen Knoblauchscheiben und natürlich Oregano zubereitet hat. Im Frühsommer werden die kleinen Fische an der Küste gefangen und in grobem Salz eingelegt. Öl, Wein, Sardinen, Kräuter und geröstetes Brot: In der ligurischen Küche sind es die ganz einfachen Zutaten, die zählen.

Luciano Capellini gehört zu denjenigen, die sich in den Weinbergen der Familie auf die Suche nach den eigenen Wurzeln gemacht haben. Noch sind es wenige, findet Luciano, aber in seiner Generation werden es immer mehr. Mehrere kleinere Winzer, vor allem aus Riomaggiore, haben sich zur Förderung ihrer Produkte zusammengeschlossen.

Oberhalb des Hafens von Vernazza hat die »Comunità Montana«, ein regionales Amt zur Förderung der Landwirtschaft, ebenfalls ein vielversprechendes Pilotprojekt begonnen: Aufgegebenes Land wurde mit regionalen Geldern gerodet, mit Weinreben bepflanzt und von ortsansässigen Kleinbauern »adoptiert«.

»Vielleicht muss man einmal in seinem Leben Land in den Cinque Terre bestellt haben, um zu begreifen, was für ein Mammutunterfangen die Schaffung und der Erhalt dieser Landschaft ist«, sagt Vittorio Rezzano, Präsident der Behörde. Natürlich werden viele Terrassen inzwischen aus Altersgründen aufgegeben.

Durch die extrem unbequemen Wege braucht man in den Cinque Terre für jeden Handgriff dreimal so lang, sagt Luciano, was sich natürlich auch im Preis niederschlägt. Billigen Tafelwein gibt es hier nicht. Deshalb haben die neuen Winzer auf ein erstklassiges Spitzenprodukt gesetzt. Durch die besondere Qualität des Weins und Öls sind diese kleineren Betriebe hier wieder stark im

Aufschwung begriffen. Dies könnte neben dem Tourismus eine vielversprechende Perspektive sein.

Die tiefen »pergole«, niedrige, knorrige Weinstöcke, deren Trauben man bei der Ernte nur kriechend erreicht, wurden von den professionellen Anbauern auf vielen Hängen schon durch neue, gleichmäßig hoch wachsende Rebenreihen ersetzt.

Doch mit der Landbestellung ist der viel wichtigere Umweltaspekt verbunden. Der Tourismus verdrängt alles andere, ein Teufelskreis. Denn die Landwirtschaft erhält die Landschaft, und wegen der kommen die Besucher hierher.

Besonders bedrohlich, findet Vittorio Rezzano, ist natürlich die Erdrutschgefahr. »Erdrutsche beginnen in dem Augenblick, in dem die Terrassen nicht mehr bestellt werden. Das ist auch ganz verständlich. Denn die Natur nimmt sich auf Dauer zurück, was ihr die Menschen genommen haben. In den Cinque Terre haben sie der Natur das kultivierbare Land in einem ziemlich harten Kampf abgerungen. Denn zuvor waren die Hänge hier mit Wald bedeckt. Der Mensch hat die Terrassen geschaffen, und jetzt sagt die Natur, wenn du dich nicht mehr für mich interessierst, nehme ich mir wieder, was mir gehört. Die Erdrutsche sehe ich manchmal so als eine Art böses Abschiedsgeschenk, bevor die Natur wieder in ihren Urzustand zurückkehrt.«

Doch inzwischen ist der Erhalt der Landwirtschaft nicht mehr nur privaten Interessen überlassen. Auch in einem interessanten

Projekt des Nationalparks versucht man, einen Anreiz für junge Leute zu schaffen: Hoch über Riomaggiore, nur zu Fuß oder mit dem Lastenzug erreichbar, wurde brachliegendes Gelände gerodet und neu bepflanzt. Gemessen an den sonst winzigen Anbauflächen sind drei Hektar, die sich als vielversprechendes Zeichen eines Neuanfangs über die Hügel ziehen, ein riesiges Gebiet. Über hundert Arbeitsplätze, erzählt Doriano Franceschetti, verantwortlicher Verwalter des Parks, wurden durch verschiedene Initiativen geschaffen. Man will einen Anreiz bieten, damit das Land auch wieder von jungen Leuten bestellt wird. Dazu gehört auch ein Kurs, in dem man den Bau von Trockenmauern lernen kann. Wir schreiben uns ein, sagen wir sofort begeistert. Wahrscheinlich treiben uns unsere Verpflichtungen wieder in die Stadt zurück. Aber wäre hier nicht das wahre Leben?

Wir stellen uns vor, wie wir die uralten Gesten und Bewegungen lernen, mit denen das Terrassenkunstwerk geschaffen wurde. Mit unseren Händen und Blicken würden wir die Steine prüfen und lernen, sie ohne Zement zusammenzusetzen. Wir würden sie sogar von weit entfernten Stellen holen und dabei ein wirkliches Gefühl für die Landschaft entwickeln. Wir stehen zwischen den Weinreben, betrachten die Mauern, die Dörfer, das Meer, und wünschen uns, dass unser Traum irgendwann einmal Wirklichkeit wird.

Auf der Suche nach der verschwundenen Prinzessin

Vielleicht hat sich die Prinzessin nur einfach versteckt und wusste noch nicht, dass wir auf der Suche nach dem Duft ihrer Gärten und den Gewürzen ihrer Küche zwischen den Weinbergen der Küste und den Kastanienwäldern des Hinterlandes unterwegs gewesen sind.

In Carròdano, hoch oben auf den Hügeln, fing unsere Route an, und manchmal war es, als hätte uns die Prinzessin selbst den Weg gezeigt. Hat sie da nicht verschmitzt hinter den dicken Stämmen der Kastanien hervorgeblickt?

In einem Lied aus der Hafenstadt Genua, der alten Herrin des Mittelmeeres, haben wir zum ersten Mal die Geschichte der Prinzessin gehört. Danach hat uns ein alter Seefahrer erzählt, dass er ihr zuletzt auf einer Insel mitten im Ozean begegnet war. Die Seefahrer haben ihre Legende vom Meer zurück an die Küste gebracht. In Träumen und Geschichten hat sie weitergelebt, bis sie in den Liedern der »Superba“, wie Genua früher genannt wurde, wieder aufgetaucht ist. Nach den Meeresabenteuern hat sie in den uralten, steinernen Gewölben der Hafenstadt zum ersten Mal einen sicheren Ort gefunden.

In den Liedern existiert sie als ferne Legende. Doch wir haben gedacht, dass sie, wenn irgendwo, in die ligurische Landschaft gehört. Die Prinzessin: eine Gestalt aus Farben, Gerüchen und Klängen, schön und geheimnisvoll wie die Landschaft selbst.

Zuerst hat sie sich uns, als Sirene getarnt, an der Küste der Cinque Terre gezeigt: mit grünen Augen, türkis- und blauschillernden Schuppen und rosafarbener Haut. Dann haben wir sogar den Zipfel ihrer golddurchwirkten Gewänder bei den Weberinnen des Fontanabuona-Tales entdeckt, während sie selbst schon wieder hinter dichten Nebelschwaden verborgen war. Es ist eine kleine Prinzessin, denken wir, mit schelmischen Augen; manchmal lächelt sie und blinzelt dabei in die Sonne. An vielen Orten Liguriens haben wir ihr unsere Aufwartung gemacht.

An einem warmen Oktobernachmittag mit leicht melancholischer Stimmung fahren Fotograf Wolfgang und ich die kurvenreichen Straßen ins ligurische Hinterland hinauf. Allein das erste Teilstück, das den Spuren der alten Via Aurelia folgt, ruft Erinnerungen an die große Vergangenheit wach. Von der Levante- zur Ponente-Küste hat die alte Römerstraße ihren Lauf seit zweitausend Jahren nicht verändert. Den Namen trägt sie nach ihrem römischen Erbauer. Zur Unterwerfung der etruskischen Stämme hatte Zensur Aurelius Cotta die Straße 241 v. Chr. erbauen lassen. Auf 2300 Kilometern verband die alte Römerstraße Karthago im Süden mit Bordeaux im Norden, es war die längste Straße des römischen Imperiums. Da die Küste damals vor Sarazeneneinfällen aus Nordafrika noch nicht sicher war, wurde sie hoch oben auf den Hügeln erbaut und stieg nur in der sicheren Nähe bewohnter Siedlungen zur Küste hinab. Zunächst folgen wir auf einer kleinen Seitenstraße der Aurelia hinauf in die hoch gelegenen Hügel des Hinterlandes.

Angesichts der vielen Gesichter einer Landschaft, die wir noch entdecken wollen, fragen wir uns, ob auch Landschaften eine Seele haben. Kann eine Landschaft ihre Seele verlieren, wenn sie zu häufig in den Fantasien der Menschen aufgetaucht ist?

Carròdano auf seinem erhabenen Hügel, früher eine wohlhabende Stadt, ist unsere erste Station. Ich erzähle Wolfgang, dass mich die Stadt schon immer besonders fasziniert hat. Vielleicht weil sie heute so von der Welt abgeschieden ist und die winzigen Spuren vergangener Größe auch traurig und von fast rührender Verlorenheit sind. Außerdem ist Carròdano die einzige Stadt auf der Welt, in der die »Straße der Freiheit« auf den »Platz des heiligen Glücks« führt. Und wer anders als eine leibhaftige Prinzessin kann an der »Piazza della Santa Felicità« zuhause sein? Schweifen von hier aus ihre Augen an manchen Tagen hinunter zum Meer, wo sie, und nur sie allein, im klaren Licht der Abenddämmerung die Umrisse ihrer Schwester, der Sirene, sieht?

Wir wünschen uns, einmal die geheimnisvolle, schöne Prinzessin zu sein, die am Abend, wenn die Sonne hinter den Bergen untergeht, ihre ausgewählten Gäste an dem Glück verheißenden Platz empfängt.

Vor der einzigen Bar sitzen ein Hund und ein Mann. Hundert Menschen leben hier, sagt der Mann, er selbst kommt aus dem Piemont, hat hier ein Haus gekauft, denn zum Meer hinunter ist es doch ganz nah. Was gibt es denn zum Mittagessen hier? Seine Frau kocht piemontesisch, sagt der Mann, köstliche Braten und gefüllte Nudeln. Sein Hund hat einen ganzen Teller Agnolotti zum Mittagessen verspeist und sich danach noch lange das Schnäuzchen geleckt. Angesteckt von dieser Begrüßung blicken wir uns gemeinsam die Häuser an. Eine Schande für Carròdano sind manche Fassaden, sagt er noch, der Bürgermeister im Nachbardorf hat ziemlich durchgegriffen und die Besitzer gezwungen, wenigstens das Äußere ihrer Häuser zu renovieren. Wovon leben die Menschen hier? »Wir sind gerade hundert, und die meisten sind alt. Viele arbeiten an der Autobahn oder im nahen Brugnato.« Inzwischen haben sogar die Häuser in Carròdano ihren Preis, den die Nähe zum Meer in die Höhe getrieben hat.

Wir schleichen uns durch enge Torbögen und über eine steile Gasse zur Piazza hinauf. Es ist Mittagszeit, und kein einziger Mensch ist in den Gassen zu sehen. Trotz des sprichwörtlichen Individualismus der Ligurer sind die Häuser schutzsuchend und dicht aneinander gebaut. Wir versuchen, im Verfall die Spuren

Portovenere mit seinen typischen Fassaden

Hinterland bei Levanto (linke Seite)
Cinque Terre bei Corniglia (rechte Seite)

Hinterland der Levante im Spätherbst (vorherige Doppelseite 40–41)
Das Kastanienfest: auf den alten Weideflächen der Seerepublik (vorherige Doppelseite 42–43)
Über den Dächern von Vernazza (vorherige Doppelseite 44–45)

Hinterland bei Carròdano (linke Seite)
Malerische Küstenlandschaft (rechte Seite)

Bauer im Hinterland

früherer Schönheit zu erkennen. Die »Piazza della Felicità« jedenfalls sieht in ihrer heruntergekommenen Intimität wie ein verlängertes Wohnzimmer aus. Eine rot getigerte Katze sitzt auf der wärmsten Bank, vor der, frisch gewaschen, der Inhalt der Schlafzimmerkommode hängt. Die Hälfte der Häuser, wie an der Küste rosa, weiß und gelb gestrichen, ist unbewohnt. Manchmal scheint es, als würde jeden Augenblick einer der weißen Vorhänge zur Seite gezogen und dahinter die verschwundene Prinzessin zu sehen sein.

Es sind nur wenige Kilometer hinunter zum Meer, und doch haftet der Landschaft hier etwas Melancholisches und fast Dunkles an: als würden Bäume und Menschen von der Schwere der eigenen Schatten und dem tiefen Grün der Wälder erdrückt. Das Schicksal des gesamten ligurischen Hinterlandes wurde seit der zweiten Hälfte des 19. Jahrhunderts von der Landflucht bestimmt. Neunzig Prozent der Bevölkerung leben an der Küste, während im Hinterland ein Einwohner auf acht Kilometer kommt. Bis zum Ende der Seerepublik Genua, erfahren wir immer wieder, war es genau umgekehrt. Im ganzen Hinterland waren wichtige Marktstädte, hier befanden sich die Wälder und Weideflächen der Republik. Die Orte des Hinterlandes, auch an der Ponente, waren oft sogar wohlhabender als die an der Küste.

Von der Piazza gehen wir zurück in die kleine Bar. An der Wand ist eine eindrucksvolle Reihe dickbauchiger Flaschen mit goldgelbem Wein zu sehen, der ganz leicht nach dem Harz der Wälder und nach einem Hauch gerade verblühter Rosen schmeckt. Hat die Prinzessin in ihrem Versteck manchmal heimlich davon genascht?

Die erste Etappe unserer Reise fällt in den Herbst, und die Dörfer, die Straßen und Plätze des ganzen Hinterlandes sind auffallend menschenleer.

Die Männer sind alle auf Wildschweinjagd, die Frauen auf Pilzsuche, sagt der alte Mann in der Bar, während er uns die Flasche mit dem goldgelben Wein überreicht und sich sein dickes Hündchen noch immer das Schnäuzchen leckt. »Andare per funghi«, Pilze suchen gehen, ist in dieser Jahreszeit die Hauptbeschäftigung der Frauen. Mit handgeflochtenen Körben und der Sense für unvorhergesehenes Dornengestrüpp ausgestattet, machen sie sich in dieser Jahreszeit jeden Tag auf den Weg. Vielleicht ist das ligurische Hinterland eine Herbstlandschaft, denn vor allem jetzt liefert die Erde alles, was zum Leben notwendig ist. Seit Anbeginn war das so. Und vielleicht, denken wir, macht gerade das die besondere Faszination des Landstriches aus.

Die Natur verschenkt ihre Gaben großzügig, fast beiläufig, wenn man unter den riesigen Kastanienbäumen geht. Man muss sich nur umsehen und sich nicht sonderlich darum bemühen. Vielleicht haben gerade diese Gaben die Menschen in Ligurien unabhängiger, ihre Schritte und ihren Blick freier gemacht?

Brugnato ist unsere nächste Station, noch so ein Ort, wo die große Vergangenheit an den Aufschriften der Schiefertafeln zu erkennen ist. Zwanzig Minuten sind es hinunter zum Meer, sagen die Leute. Uns selbst kommt der Weg auf kurvenreichen Straßen wie eine kleine Ewigkeit vor. Mitten im Ort gibt es ein Haus mit verschnörkelten Säulen, ein anderes sieht nach der Begegnung von Romeo und Julia aus. Es ist, als hätte jeder, der durch Brugnato ging, ein Stück seines eigenen Traumes zurückgelassen. In dem sich sanft öffnenden Tal ist das Dunkle und Schwere des levantinischen Hinterlandes weniger zu spüren. Eine Tafel erzählt von Brugnato im Jahr 1536: Damals waren die »scelti«, die ausgewählten Räte der Republik Genua, unter diesem »Torbogen« hindurchgegangen. Zur gleichen Zeit hatte der legendäre Admiral Andrea Doria durch sein Bündnis mit Karl V. Genua politisch gestärkt und das Staatswesen im Inneren neu geordnet. Damals begann die große Blütezeit Genuas. Zwar gab es auch hier, wie in Venedig, die repräsentative Figur des Dogen, der auf Lebenszeit gewählt war. Durch die Zwiste der Genueser Familien untereinander war die Regierungszeit meist auf wenige Jahre beschränkt. Bis 1797 Napoleon die Macht übernahm, hatte die Adelsrepublik intensivsten Handel über die Meere geführt und die adeligen Händlerfamilien unermesslich reich gemacht. Erst 1860 fiel die unabhängige Seerepublik unter die Herrschaft des neu gegründeten Italien. Viele Villen an der Küste sind Ausdruck dieser großen Genueser Vergangenheit.

Der Winter ist fast vorbei, und an der Riviera blühen bereits die Mimosen, als wir beschließen, die Seitentäler von Chiavari hinaufzufahren. Von hier aus waren auch die alten Salzstraßen verlaufen: von Genua ins Piemont, von der Tigullio-Küste aus Richtung Po-Ebene. Über Maultierpfade und steile Pässe fand hier Jahrhunderte lang ein florierender Handel statt.

Auch hier fällt wieder besonders auf, wie sehr die Küste übergangslos in Bergregion wechselt.

Im Gegensatz zu anderen Seitentälern sind auch hier die Hänge terrassiert. An diesem Morgen sind sie, trotz des strahlenden Sonnenscheins, schneebedeckt, was ihnen ein sanftes und verträumtes Aussehen verleiht. Von den Palmen, Steineichen und Pinien an der Küste kommend, tauchen wir in dichte Kastanienwälder ein. Vereinzelte Zypressen, Eichen und Mammutbäume erinnern an eine archaische Urlandschaft. Manche Namen, Carasco oder Borzonasca, klingen selbst wie die uralten, knorrigen Bäume.

Die Straße zum Bocco-Pass hinauf, 956 Meter über dem Meer, führt durch den Nationalpark Parco d`Aveto, der die drei Täler, das Graveglia-, Sturla- und Aveto-Tal, umfasst. An der höchsten Stelle liegt die Benediktinerabtei von Borzone, von der aus im 13. Jahrhundert die Christianisierung Liguriens begann.

Eine alte Frau steht in der Bar, die heute geschlossen ist. Die Frau mit Dutt, dunklem Kleid und bunter Schürze, hat ein gütiges Gesicht, aber trotzdem fühlen wir uns in diesem menschenleeren Gebiet wie seltene Eindringlinge. Wir stellen uns vor, wie die Frau in dem winzigen Dorf in der Nähe des Passes die Jahreszeiten verbringt, Pilze und Kastanien sammelt, aus deren Mehl sie am Sonntag die hier typischen breiten Nudeln macht. Ob es in ihren Zimmern nach Lavendel, in blauseidene Säckchen eingepackt, riecht, der sogar in den Liedern Inbegriff des ländlichen Liguriens ist? Hat sich in ihren lavendelduftenden Schränken die Prinzessin versteckt?

Hier ändert sich nie etwas, sagt der Blick der Frau, warum sollte sie sich dann ausgerechnet für vorbeifahrende Fremde interessieren. Die Dörfer in der Umgebung tragen seltsame Namen: Fontanarossa, Pietranera, Montebruno. So, als hätte die Natur mit ihren roten Quellen, schwarzen Steinen und braunen Bergen von Anfang an der Welt einen eigenen, untilgbaren Stempel aufgedrückt. Hat die alte Frau jemals das Meer gesehen oder manchmal daran gedacht? Weiß sie, dass irgendwo mitten im Ozean die Insel der verschwundenen Prinzessin aus dem ligurischen Hinterland liegt?

Kurz bevor der Pass seine höchste Stelle erreicht, endet das Gebiet der Provinz Genua. »Provincia di Genova« lesen wir auf dem grünen Schild, und für einen Augenblick wundern wir uns, dass die alte Herrscherin der Meere nun keine stolze Seerepublik mehr ist. In der Ferne, weiter unten, schlängelt sich schon der sanfte Taro-Fluss auf die weite Po-Ebene zu.

Doch obwohl das kleine Santa Maria del Taro bereits zur Provinz Piacenza gehört, werden ausgerechnet hier die berühmten »Chiavaresi«, die alten Holzstühle mit Binsengeflecht, hergestellt. Ihren Namen tragen sie nach der Handelsstadt an der Küste, Chiavari. Früher gehörte der kleine Ort zum Gebiet der Seerepublik und ist in all seinen Traditionen Ligurien verbunden geblieben. 1798 hatte Gaetano Descalzi in Chiavari mit der Produktion der Stühle begonnen. Mit ihrer Leichtigkeit und Eleganz waren sie bald auch in London und Paris berühmt. In perfekter Handwerkstradition werden sie heute noch in Santa Maria del Taro hergestellt. Seit damals sind die »Chiavaresi« überall in Ligurien zu finden: in jedem Bauernhaus in ihrer einfachsten Form und mit dem kompliziert geschlungenen, handgeschnitzten »Liebesknoten«, Glücksbringer der Bewohner, sogar in den herrschaftlichen Häusern Genuas.

In einer alten Mühle hinunter zum Meer halten wir an. Das angrenzende Haus ist aus uraltem Stein, draußen rauscht ein Bach vorbei. Nah an der Wärme des Kaminfeuers warten drei Schwestern. Mit flinken Händen kneten die drei am weißen Marmortisch den Teig für Trofie, Ravioli und Pansotti. Die Mühle funktioniert, und es ist noch nicht so lange her, dass ihr Geräusch durch das Dorf drang. Hier wurde Mais gemahlen, erzählen die drei Schwestern, der neben Kastanien in den Dörfern das Hauptnahrungsmittel war. Draußen biegen sich die Bäume unter der Schwere des beginnenden Regens. Doch in der Wärme des Kaminfeuers verraten uns die drei Schwestern die alten Rezepte für ihre Gerichte, die in tröstender Fülle aus dem Ofen kommen, jeden Tag, jahraus, jahrein, eine andere Köstlichkeit: Wildschein mit Pinienkernen, Kaninchen mit Oliven und Rosmarin, in Rotwein geschmorte Braten mit Steinpilzen. Und plötzlich, als die drei vom Holzsammeln im eigenen Wald, von Pilzen, Kräutern und Kastanien erzählen, kommen sie uns in ihrer blassen Schönheit wie die Schwestern der verschwundenen Prinzessin vor.

Hat sie nicht selbst gerade wieder verschmitzt hinter den Baumstämmen hervorgeblickt? Vielleicht hat sie heute nur, weil es so kalt ist, eine bescheidene schwarze Strickjacke über ihre goldenen Gewänder gezogen.

Alles ändert sich, schien sie mit ihrem schelmischen Lächeln zu sagen, aber die Wälder, die Landschaft, ihre Gerichte und ihre Legenden führen ihr Dasein nach uralten, ewigen Regeln fort.

Die Oliven und wir

»Was sind Sie von Beruf?«, fragt der Notar. »Autorin«, sage ich, »Architektin«, sagt Marina. Wohnort? »Rom«, sagt Marina. »Vernazza«, sage ich. Der Notar füllt den Kaufvertrag mit einem Seitenblick zu mir aus, als wolle er sagen, Sie wohnen in Vernazza, na, dann wissen Sie ja, was Sie tun.

Marina, Architektin mit einer Leidenschaft für Trockenmauern, und ich haben gerade einen Olivenhain gekauft: Dreiundsechzig Bäume auf vier »fasce«, den terrassierten Streifen, oberhalb des Hafens von Vernazza und mit atemberaubendem Blick über das Meer. Renato und seine Frau, ihr Leben lang Bauern, die uns den Hain verkauften, weil sie wohl bessere Stücke geerbt haben, sowie unsere staunende Umgebung schauen gelassen zu.

Seit Jahren helfe ich bei Caterinas Weinlese mit, und jedes Jahr überfällt mich der blanke Neid, wenn an meiner Straße den ganzen September über die gefüllten Wannen voller Trauben stehen. Dann tragen die Frauen die prallgefüllten Körbe mit den Trauben manchmal noch auf dem Kopf, und noch vor der Ernte setzt Caterina morgens die Minestrone für den Abend auf. Natürlich lädt sie mich zum köstlichsten aller Gerichte ein. Um den großen Tisch in ihrer Küche sitzend, überkommt uns verhaltene Euphorie – soviel, wie unter den reservierten Ligurern eben möglich sein kann. Endlich hat die Erde etwas von der Mühe des ganzen Jahres zurückgegeben. Von Wein- und Olivenanbau haben Caterina und ihre Vorfahren Jahrhunderte lang gelebt.

Wenn dann im meist sonnigen November die Olivenernte beginnt, nimmt mein Neid eine nahezu unerträgliche Dimension an. Nach einem weiteren Winter ist meine Entscheidung gefasst: Ich will ein Stück Land! Weinreben muss man das ganze Jahr über pflegen, sagt Caterina, Oliven nicht. Sie danken es, wenn man sie zurückschneidet und düngt, und nehmen es nicht besonders übel, wenn man es einmal vergisst. Ein Weinberg ist nichts für dich. Besser, du kaufst einen Olivenhain, meint Caterina.

Im November ist die ligurische Landschaft meist von strahlender Sonne erfüllt. Überall am Straßenrand parken nicht mehr ganz neue weiße und hellblaue Autos. Es wirkt, als brechen ihre Fahrer und Insassen von überall her zu ganz besonderen Ereignissen auf, die von Nicht-Eingeweihten gar nicht nachvollziehbar sind. Doch wenn man genauer hinsieht, lüftet sich das Geheimnis. Die Autos stehen vor winzigen Wegen, oft mitten in der Macchia, die steil von der Straße weg in die Olivenhaine führen. Meist sieht man sie nicht und fragt sich nur, was die ganzen Autos auf den einsamen Wegen sollen. Bereits Mitte Oktober leiten die rosafarbenen Netze eine eigene fünfte Jahreszeit, die Olivenernte, in Ligurien ein. Es scheint, als wäre die ganze Landschaft von einer schützenden Schicht orangefarbener Netze bedeckt. Sie bleiben bis Januar oder Februar, so lange, bis die Menschen ihre wertvollen und lange erwarteten Früchte in den Händen halten und manchmal, wie Caterina, fast ehrfürchtig – oder weil ihr die Beine wehtun – vor den Oliven knien.

»Du musst Netze ausspannen«, hat Caterina schon im Oktober gesagt. »Am besten, du kaufst sie in der Landwirtschaftskooperative in Levanto. Da gibt es gerade ein günstiges Angebot.« Ein Freund aus Vernazza schleppt den riesigen Ballen an. Wer soll den jemals den steilen Hang hinunter in den Hain transportieren? Caterinas Sohn übernimmt den Transport, aber zum Aufspannen hat er keine Zeit. Da wäre noch Antonio, ein alter Bauer. Marina ist dabei. »Ich habe ihm zugesehen«, sagt sie, »seine Gesten sehen archaisch aus.«

Der riesige Ballen reicht gerade für die untere Terrasse mit zehn Bäumen aus. »Ich bin sowieso gegen Netze«, sagt Marina. »Denn die Oliven sind bereits von schlechterer Qualität, wenn sie fallen. Ich ernte nur die grünen Oliven, von Hand und direkt vom Baum.« »Bist du verrückt«, sagt Caterina, »das mit den Netzen machen wir seit einer Ewigkeit so.«

Uns kommt der Hain von einer nahezu perfekten Schönheit vor. Vier Terrassen an einer der schönsten Stellen der Cinque Terre, die Bäume sind unterschiedlich hoch und zwischen zwanzig und dreißig Jahre alt. Wie überall haben sich auch in unserem Hain mehrere Sorten vermischt. Ein paar schwarze »Taggiasca«-Oliven sind darunter, pralle, glänzende Früchte mit besonders fruchtigem Öl, ein paar von der Sorte »Leccino«, dazu violette Winzlinge, die in uns ein fast zärtliches Gefühl für unsere Oliven auslösen. Natürlich werden die Terrassen von nahezu perfekten Trockenmauern gestützt. Im nächsten Winter werden wir erleben, wie ein einziger starker Novemberregen ausreicht, um eine Mauer genau in der Mitte auseinander brechen zu lassen. Wir freuen uns über die Blumen, die auf den Terrassen blühen, sammeln Holz und abgebrochene Zweige ein. Unter den Wipfeln der Bäume zu sitzen und über das Meer zu blicken, ist bei jedem Wetter und zu jeder Jahreszeit ein ergreifendes Gefühl. Marina hat Champagnergläser aus Plastik mit abmontierbarem Stil mitgebracht, und wir laden ausgewählte Freunde zum Picknick unter Olivenbäumen ein. Achthundert Meter geht es den Steilhang hinunter, die Freunde aus der Stadt sind entsetzt. Wie wollt ihr denn die Säcke hinaufschleppen, fragen sie. Wir wussten schon, dass man inner- und außerhalb Liguriens in verschiedenen Kategorien denkt. Denn die Leute im Dorf beneiden uns: »Eure Oliven liegen ja fast an der Straße«, sagen sie, »habt ihr es bequem. Ihr müsstet mal unsere Haine sehen.« Marina hat inzwischen Fotos von allen dreiundsechzig Bäumen gemacht.

Als stolze Besitzerinnen eines Olivenhains sieht die Landschaft für uns ganz anders aus: Wir gehen nicht in den Cinque Terre spazieren, wir bestellen hier Land. Die Oliven haben uns zu

Verbündeten mit den Einheimischen gemacht. Erst jetzt sehen wir, wie die Sonne in die Krone unserer Olivenbäume tritt. Wir freuen uns, wenn es regnet, und sehen, wie das Wasser die silbrigen Blätter – und hoffentlich die Wurzeln – berührt. Es regnet. Dem Himmel sei Dank. Wir können zwar nicht im Meer baden, aber darauf kommt es jetzt nicht mehr an.

Unseren Hain haben wir im Mai gekauft, und nun genießen wir ihn einen Sommer lang. Vorläufig gibt es nichts für uns zu tun. Der Hain ist noch perfekt gepflegt, das Gras gemäht, die Bäume geschnitten. Bewässert werden Oliven meistens nicht oder nur da, wo man durch besondere Pflege den kommerziellen Anbau fördern will. Also nicht in unserem Fall. Die Wurzeln holen sich das Wasser bis zu einer Tiefe von sechs Metern. Gras wird zweimal im Jahr gemäht, einmal wird gedüngt und alle zwei Jahre müssen die Bäume zurückgeschnitten werden. Schon im 8. Jahrhundert hatten Benediktinermönche den Ölbaum von der Provence zuerst an die Levante, dann an die Ponente gebracht. Vorläufig genießen wir den atemberaubenden Blick über das Meer und denken über Fragen nach, auf die wir selbst noch keine Antwort wissen: Wie viele Früchte werden wir von 63 Bäumen ernten? Wann ist die beste Erntezeit? Geerntet wird traditionell zwischen Ende Oktober und Ende Dezember, meint Caterina. Sie hat früher sogar noch im Januar geerntet, wenn die Oliven überreif und pechschwarz geworden

Bäuerin Caterina, die sich im Oliven- und
Weinanbau bestens auskennt

Bei der Olivenernte (linke Seite)
In der Ölmühle (rechte Seite)

Reicher Lohn: Die Erde gibt die Mühe des Jahres zurück. (nachfolgende Doppelseite 64–65)
Die Netze spannen sich wie eine schützende Schicht um die Landschaft. (nachfolgende Doppelseite 66–67)
An der Levante werden die meisten Oliven für den Eigenbedarf angebaut. (nachfolgende Doppelseite 68–69)

Blick auf Corniglia (links)
Die Kombination aus reifen, mittelreifen und grünen Früchten soll das beste Öl ergeben. (unten) **Einheimische bei der Olivenernte** (rechte Seite)

2C

Die Olivenernte: eine eigene
Jahreszeit in Ligurien

waren. Marina liest Bücher über Olivenanbau, ich lasse mir Caterinas Leben einschließlich der Erntemethoden erzählen.

Schon lange vor der Ernte hat uns der Gedanke an den Hain ausschließlich und sprichwörtlich Freude geschenkt.

Wir waren gerade in der Stadt, als der Anruf aus Vernazza kam, es sei an der Zeit, die Oliven zu ernten, und mit größter Aufregung haben wir uns auf den Weg gemacht. Bei unserer ersten Ernte hat uns Caterina alle vergessenen Hilfsmittel geliehen. Natürlich besaßen wir noch keine Eimer und Körbe, die wir als Erntegefäße nutzen konnten. Besonders geeignet sind alte 5-Liter-Farbeimer. Zum Glück wirft Caterina nie etwas weg. Auch die Jutesäcke für die Tagesernte waren ausverkauft. Freudig nehmen wir Caterinas Gaben an und ahnen noch nicht, welches Gewicht wir über den Hang hinauf schleppen werden. Wie nah euer Hain doch an der Straße liegt, haben uns die Einheimischen den ganzen Sommer über gesagt.

Natürlich haben alle Freunde aus München, Venedig und Rom begeistert ihre Mithilfe zugesagt. Aber vielleicht haben wir gar nicht so viele Oliven, um sie mit allen anreisenden und erwartungsvollen Städtern zu teilen? Und wo sollen wir die Leute unterbringen? Und überhaupt, bei der mühsamen Arbeit müssten wir auch noch für die Helfer jeden Abend Pasta kochen. Wir beschließen, uns auf Helfer vor Ort zu begrenzen. Die wissen, wovon sie sprechen, haben ihr eigenes Öl, und, bei aller Freundschaft, am Abend sind wir sie wieder los.

Mit Caterinas Eimern, Jutesäcken und Wasserflaschen ausgestattet machen wir uns auf den Weg. Bei der Ernte isst man nichts, man trinkt auch keinen Wein. Das ist für den Abend vorbehalten, Arbeit ist Arbeit. Das hat uns Caterina gleich am Anfang beigebracht. Vor uns liegt das Meer. Plötzlich sind wir Teil der Landschaft, bekommen ein wirkliches Gefühl dafür, wie sie vor tausend Jahren entstand. Wir riechen mediterrane Kräuter und gehen, inzwischen ist es November, an blühenden wilden Nelken vorbei. Wir steigen zwischen Oliven und Weingärten hindurch, die manchmal ein Metallzaun gegen Wildschweine schützt. Macchia wird dieses wilde Gestrüpp genannt, doch uns kommt es vor, in eine fantastische Urlandschaft eingetaucht zu sein. Unablässig halten wir unseren Blick auf das Meer gewandt, als die Früchte in unsere Erntegefäße fallen. Manchmal streichen wir über die Rinde, wenn uns ein Baum eine besonders reichhaltige Ernte geschenkt hat. Ein besonders industrielles Verfahren habt ihr ja nicht, sagen die Freunde aus Vernazza, und kommen am Abend mit der Leiter für die oberen Zweige vorbei. Nein, aber wir haben unablässig die Sonne und das Meer im Blick. Die wilden Triebe musst du abschneiden, sagt Caterina. Wir nehmen sie für die Blumenvase mit, Caterina sieht es ja nicht.

Am Abend kommen wir nach Hause und breiten zuerst die Oliven in flachen Körben aus. Nie dürfen sie über Nacht in den Säcken bleiben, hat Caterina zu Beginn der Ernte gesagt. Sie selbst verwendet ihre alten Kommodenschubladen dafür, die sie während der Ernte im Weinkeller gestapelt hat. Wir ernten zu zweit, zu dritt, und kommen doch selten mit mehr als zwanzig, dreißig Kilo Oliven am Tag zurück. Manchmal hat es über Nacht geregnet, was die Arbeit und das Stehen im nassen Gras, trotz Gummistiefel, ziemlich unangenehm macht. Doch dann, jedes Mal am späten Vormittag, taucht die Sonne den Hain in warmes Licht, das den Bäumen kleine strahlende Kronen aufsetzt. So, denken wir, muss es auch schon vor tausend Jahren gewesen sein. Hat dieses Gefühl, eine wichtige Tradition fortzuführen, bei allen, uns eingeschlossen, dazu geführt, dass es dem Tourismus und aller Mühe zum Trotz immer noch Olivenhaine und Menschen, die sie bestellen, gibt?

»Los, zieh die Netze hoch«, sagt Adriana, einzige Helferin, die trotz Dauerregen geblieben ist. Nach vielen Tagen, an denen wir die Oliven von Hand pflückten, haben wir uns nun doch, zumindest auf einer Terrasse, zu Caterinas schnelleren Methode entschlossen. Morgen früh um sieben wird der große Tag in der Ölmühle sein. Normalerweise muss man sich Wochen vorher für das »appuntamento« in der Mühle anmelden. Über Caterina haben wir gute Beziehungen zum Besitzer und kommen als Überraschungsgäste an. Vor uns sind lauter alte Männer, wir sind die einzigen Frauen.

»Hast du die schwarzen Oliven von dem da gesehen?«, fragt Adriana, »hoffentlich ist der nicht vor uns dran.« Mindestens

140 Kilo mussten wir für unsere erste Pressung sammeln, kleinere Mengen nehmen die Ölmühlen nur mit Murren an. Obwohl die mechanische Mühle, die wie eine riesige Autowaschanlage aussieht, zwischen jedem Pressvorgang gewaschen wird, bleiben immer Reste zurück. Als wir an der Reihe sind, werden unsere Oliven zuerst gewogen, dann gewaschen und von den Blättern befreit – das macht Caterina am Abend vor dem Fernseher selbst, aber dafür haben wir wirklich keine Zeit. Dann verschlingt ein undurchdringlicher Schlund unsere Oliven. Die Geräuschkulisse ist hart am Rand des Erträglichen. Wir stehen staunend vor dem Schlund, während im Inneren der Stein von Fruchtfleisch und Schale gelöst wird. In Schale und Fruchtfleisch ist das wertvolle Öl enthalten. Beides wird zerquetscht. Der Stein zerbröckelt dabei, die Frucht wird gemahlen. Dann erst wird das gerade gewonnene Öl dekantiert, um Fruchtfleischreste und das bittere Fruchtwasser abzusondern. Anders als alle anderen Pflanzenöle muss Olivenöl nicht mehr raffiniert werden. Die Reststoffe, eine bittere, braune Masse, draußen zu kleinen Halden getürmt, werden als Düngemittel verwendet.

Etwa zwanzig Minuten dauert der Pressvorgang, uns kommt es wie eine kleine Ewigkeit vor. Dann tropft schließlich eine schwere, dunkelgelbe bis grünliche Flüssigkeit am anderen Ende des Schlunds heraus: unser erstes eigenes Öl!

Die Flüssigkeit, die wir sehen, ist der Lohn für unendliche Mühe; sie wird uns für den Rest des Jahres Quelle einer unaussprechlichen Freude sein. Etwa achtzehn Liter Öl haben die 140 Kilo Oliven gebracht. Uns kommt es vor wie pures Gold.

An der Levante-Küste lebt niemand vom Verkauf des Öls. Für die meisten ist es ein Aufrechterhalten der Tradition. In fast allen Orten sind die alten Ölmühlen zu sehen, und keine davon ist noch in Betrieb. Erst in letzter Zeit hat der Nationalpark Cinque Terre eine alte Mühle in Volastra wieder eröffnet. Um die Ölbauern zu unterstützen, ist eine bestimmte Quote der Pressung sogar umsonst. Nur an der Ponente werden die größeren Haine kommerziell genutzt, auch wenn auf den kleineren Anbauflächen Liguriens niemand wirklich davon leben kann. Ligurisches Olivenöl ist relativ teuer, meist wird es ohnehin nur vor Ort verkauft. Anders als in der Toskana oder in Spanien kann auf den schmalen Anbauflächen nie maschinell geerntet werden. Die meisten Anbauer beklagen, dass der Olivenanbau von der EU zu wenig subventioniert wird. Auf den ligurischen Anbauflächen können die EU-Normen ohnehin kaum angewandt werden.

Doch dann erfahren wir von einer Mühle aus dem 19. Jahrhundert, die genau nach unserem Geschmack sein dürfte.

Von zwei Geschwistern wird sie betrieben, und hier wendet man, erfahren wir, neben der modernen Zentrifuge noch das alte

Pressverfahren an. Ein Mann und eine Frau betreiben zusammen eine Ölmühle? Der Betrieb der Mühlen und auch das Abgeben der Oliven sind in Ligurien traditionelle Männerarbeiten, Frauen sind an einem solchen Ort nur als stille Begleiterinnen zu sehen.

»Ich werde kurz angebunden sein«, sagt Müllerin Alessandra Simonini am Telefon, »ich bin so, und außerdem arbeiten wir fast Tag und Nacht. Die beiden Pressen sind ununterbrochen in Betrieb.« Die alten Sätze über die keltischen Ursprünge der Ligurer fallen uns wieder ein: Keine der Rhetorik verfallenen Latiner, sondern Frauen und Männer, die hart arbeiten, um die Landschaft kultivierbar zu machen. Eine Landschaft, die den Menschen am Ende doch immer ihre eigenen Regeln aufgezwungen hat. Die fast sprichwörtliche Widerspenstigkeit der Ligurer findet sich nicht nur in Anekdoten, sondern man kann sie auch nahezu täglich erleben. Es ist eine Widerspenstigkeit, die sich, wenn das Vertrauen erst einmal hergestellt ist, in lebenslange Herzlichkeit verwandelt.

Neugierig auf die alte Mühle, das traditionelle Pressverfahren und die raue Stimme der Müllerin machen wir uns in das Val Durasca auf. Das ganze Tal ist sonnenbeschienen, die vereinzelten Häuser weisen noch nicht auf die nahe gelegene und wenig einladende Hafenstadt La Spezia hin. Kurz davor verzweigen sich die Straßen, und neugierig fahren wir den Weg ohne Hinweisschild hinauf. Wir sind auf alle Überraschungen gefasst.

In der näheren Umgebung der Mühle sieht es wie auf einem Fabrikgelände aus. Vor dem Eingang haben sich Menschentrauben gebildet. 20-Kilo-Säcke aus brauner Jute oder weißem Kunststoff werden angekarrt und gewogen. Die meisten Oliven sind fast grün, und die Meinungen über die Qualität des Öls von ganz reifen oder noch grünen Oliven werden wie immer weit auseinander gehen. In den alten Schriften ist jedenfalls zu lesen, dass jeder Baum normalerweise ganz reife, mittelreife und grüne Früchte trägt und dass die Kombination der drei Reifestadien das beste Öl ergibt.

Alessandra und Enrico Simonini machen ihre Arbeit mit Leidenschaft, und während Enrico wiegt, Alessandra im Büro Termine einteilt, das fertige Öl abwiegt und mit den Kunden spricht, hat man den Eindruck, nicht in einer Ölmühle, sondern in einem sozialen Zentrum gelandet zu sein. Signor Romboni kommt herein, dessen Sohn Motorradrennfahrer ist und gerade einen schweren Unfall hinter sich hat. Vater Romboni hat die Oliven geerntet und bringt sie gleich dem Sohn vorbei, der zwar mit Verband im Bett liegt, aber in dessem Haus schon der Stockfisch mit Zwiebeln und Kartoffeln vorbereitet wird: »Aber Fisch und Gemüse müssen Sie getrennt kochen«, sagt Vater Romboni und freut sich schon auf das Abendessen. Stockfisch »in bianco« oder in Tomatensauce ist ein traditionelles November-Essen: In ganz Ligurien wird daran die Qualität des neuen Öls getestet. Mein Sohn baut die Oliven an, erzählt Vater

Romboni noch, ich habe ihn ein bisschen gedrängt, die Tradition aufrechtzuerhalten. Ich selbst kümmere sich um die Weinreben, die, anders als die Oliven, regelmäßige Pflege brauchen. Olivenbäume verlangen wenig Aufmerksamkeit, doch je mehr man sich um sie kümmert, desto höher fällt natürlich der Ertrag aus.

Inzwischen haben mehrere Bauern ihr Öl in Plastik- oder Aluminiumbehälter abgefüllt.

Alessandra wiegt, und Zahlen schwirren durch den Raum: 290 Liter Oliven ergeben gerade mal 37 Liter Öl. Alessandra hat sofort das Verhältnis Oliven zu Öl im Kopf, das immer zwischen mindestens zehn und höchsten sechzehn anzusiedeln ist. Sie weiß inzwischen, in welcher Hanglage der höchste Ertrag, wahrscheinlich in Varese, zu erzielen ist. »Wir betreiben die Ölmühle in dritter Generation«, erzählt Alessandra, während ihr Bruder draußen mit einem einzigen Angestellten unablässig mit dem Wiegen und Pressen beschäftigt ist. »Mein Bruder sieht inzwischen selbst wie eine riesige Olive aus.«

Die Fotos, die an der Wand hängen, erzählen viele Geschichten von familiären Traditionen: der Großvater, der das Schwein schlachtet, um die Familie mit den neun Kindern zu ernähren, sein Bruder, der die Mühle betreibt. Natürlich ist sie, wie die Getreidemühlen, an einem Fluss gebaut. Früher war das Gebäude zweistöckig; oben wurde noch das »olio di sansa«, minderwertiges

Öl aus den Restbeständen, gepresst. Europaweit gibt es inzwischen drei Güteklassen: extra nativ, nativ und das einfache Olivenöl, dem nach dem Raffiniervorgang noch würziges Öl zur Geschmacksverstärkung beigefügt wird. Olivenöl ist hoch erhitzbar und enthält immer zahlreiche ungesättigte Fettsäuren.

Die Mühle der Geschwister Simonini ist die einzige, in der zwei parallele Pressverfahren angewandt werden: mit dem Mahlstein wie zu früherer Zeit, auch wenn dieser mechanisch und nicht mehr von Eseln gedreht wird, und die moderne Zentrifugenpressung. Für die Pressung mit dem Mahlstein findet eine strenge Auslese statt. Allein Enrico Simonini bestimmt, wessen Oliven gemahlen werden. Sie müssen einwandfrei sein, vom Baum per Hand geerntet werden und dürfen nach der Ernte nicht länger als drei Tage liegen. Denn der Reifeprozess setzt sich auch dann fort, wenn die Früchte bereits geerntet sind. Bei längerer Lagerung erhöht sich der Säuregehalt. Zwei Doppelzentner hat Enrico als Mindestmenge für die Pressung angesetzt – so viel wie Giulio, der gerade an der Reihe ist, und seine Mutter in drei Tagen gesammelt haben. Nach jeder Pressung wird die Anlage zwar gereinigt, um sie von den Rückständen des Fruchtfleisches zu säubern. Doch überreife Oliven lassen Rückstände zurück, die man mit Wasser allein nicht reinigen kann. Deshalb achtet Enrico auf gleichbleibende Qualität der Früchte. Wieder schwirren Zahlen durch den Raum; zehn, elf, zwölf, dreizehn: Die

»resa«, das Verhältnis Oliven zu Öl, ist damit gemeint. Es klingt wie beim Wetten. Irgendwann hat jemand »18« erzielt.

Niemand in diesem Teil Liguriens stellt Öl für kommerzielle Zwecke her. Auf den kleinen Anbauflächen reicht der Ertrag gerade für den Eigenbedarf. Aber der wird konsequent durch die eigene Arbeit gedeckt. Es gehört in Ligurien zur Familientradition, nur eigenes Öl zu verwenden. »Diese Tradition geben die Älteren an die Jüngeren weiter«, meint Alessandra. »Zu unseren Kunden zählen die unterschiedlichsten Berufsgruppen, es sind auch viele Intellektuelle darunter, die am Wochenende in den Olivenhain gehen. Aber das, was alle verbindet, ist die gleiche Liebe zur Erde und zu den Oliven«, sagt Alessandra. »Für mich geht eine unbeschreibliche Faszination von jedem Baum aus. Es ist, als mache er alle gleich.«

Jetzt kennen wir zwar Alessandra, aber ausgerechnet in diesem Jahr sieht die Ernte in unserem Hain äußerst mager aus.

»Wann darf ich dich eintragen?«, fragt Alessandra. Vielleicht schaffe ich es bis Samstag, aber nur, wenn es irgendwann zu regnen aufhört, glaube ich. Denn hundert Kilo sind die minimale Menge. »Wir bekommen jeden dritten Tag Oliven aus den Abruzzen, wenn du weniger als hundert Kilo hast, gebe ich dir die restlichen dazu«, beschließt die Müllerin.

Mit etwas verzweifeltem Blick schauen wir uns die Oliven in unserem Hain an. Natürlich waren wir im Oktober, als der Sturm über die Küste fegte, nicht da. Er hat die meisten Früchte heruntergeweht. Das, was auf den Bäumen blieb, reicht nicht für eine Pressung aus. Im nächsten Jahr, nehmen wir uns vor, spannen wir Netze auf allen Terrassen und fangen einfach früher an. Ruggero und seine Familie besitzen mehrere Haine, auf einem wird er nicht ernten. »Du kannst sie haben«, sagt er. Am einzigen Nachmittag, an dem es nicht regnet, unternehmen wir einen Versuch. Das Gefühl zwischen Mimosen und Ölbäumen über dem Meer ist wie immer grandios. So als könnten wir ab jetzt furchtlos und trotzig allen Gefahren des Lebens entgegentreten. Über manchen Früchten hängen Regentropfen, als sei das perlende Wasser bereits eine Vorankündigung des Öls.

Am Nachmittag fängt es wieder zu regnen an. Das nächste Angebot kommt von Lucio, der auch nicht erntet. Er macht diese Arbeit schon, seit dem er sieben Jahre alt ist. Zweihundert Bäume, sagt er, oben an der alten Kirche, du kannst sie nicht verfehlen. Wir freuen uns über die Großzügigkeit. Jedoch wurden die Bäume seit zwanzig Jahren nicht abgeerntet; das ganze Gelände hat sich in einen riesigen, unzugänglichen Urwald verwandelt.

Als wir wieder in die Ölmühle fahren, die wir aufgrund ihrer ziemlich präsenten Chefin jetzt nur noch »bei Alessandra« nennen, ist die Menschentraube schon von weitem zu sehen. Leicht nervöses Treiben, wie kurz vor einem städtischen Verkehrskollaps, ist bereits draußen in der Einfahrt zu spüren. Es riecht nach frisch gepresstem Öl und Schweiß. Der Regen wird andauern, alle wollen noch schnell ihre Oliven loswerden. Die Männer in der Schlange sehen mit dunklen Anoraks und kessen Mützen mehr oder weniger verwegen aus. Wir sind unbesorgt, denn Alessandra hat sicher alles im Griff. Bruder Enrico trägt wieder sein olivengrünfarbenes Hemd, und hat, gegen den Höllenlärm mit Ohrstöpseln versehen, kaum Möglichkeiten, mit der Außenwelt in Kontakt zu treten. Wohin wir auch blicken, wir sehen nur Jute- und Plastiksäcke und schwarze Plastikkisten mit grasgrünen Oliven.

Inzwischen hat sich vor der Ölmühle eine richtige Schlange mit mittlerem Verkehrschaos gebildet.

»Fahren Sie zurück, damit ich hier vor kann!«, schreit ein Mann mit besonders vielen Plastiksäcken eine blonde Frau im blauen Anorak an.

Säckeweise werden die Früchte in den Schlund der Zentrifuge gekippt.

Neidisch schauen wir zu, denn dieses Jahr war unser Hain den Naturgewalten, dem Regen und dem Sturm ausgeliefert. Schon vor der Ernte wurden fast alle Früchte ins Gras geweht. Wir haben hautnah die viel beschworenen Naturgewalten in den Cinque Terre erlebt. Im nächsten Jahr versprechen wir uns wieder mehr, denn nur jedes zweite Jahr ist die Ernte wirklich gut. Man muss Geduld

Der Friedhof von Lorsica

In der Damastweberei in Lorsica (diese Doppelseite)

Viele dieser wunderschönen Damastmuster stammen aus dem 15. Jahrhundert. (nachfolgende Doppelseite 88–89)
Damast in allen Farben des Regenbogens (nachfolgende Doppelseite 90–91)
Schiefersteinbruch (nachfolgende Doppelseite 92–93)

Impressionen aus dem Val Fontanabuona

Die Geschichte der Emigration hat im Val Fontanabuona
die Erinnerung vieler Menschen bestimmt.

haben, lernen wir. Caterina hat das schon immer gesagt! Die meisten Olivenbäume sind älter als die Menschen und sehen gelassen deren verrücktem Treiben zu.

Bei der Ernte lernt man, dass es die winzigen, alltäglichen Handgriffe sind, die das Leben erhalten und ihm den entsprechenden Wert geben. Vielleicht ist es tatsächlich so, dass man die wirklich wichtigen Dinge im Leben nur zwischen Olivenbäumen lernen kann.

Ein Olivenhain? Wie viele Bäume? Wie viel Öl? Was ist er wert? Diese Fragen haben wir seitdem unzählige Male gehört. Ein Meter Land kostet fünf Euro, die Ernte ist mühsam, wenn sie nicht gleich ins Wasser fällt, und wert ist er uns das Gefühl, unter unseren Bäumen die tausendjährige Geschichte einer Landschaft zu spüren.

Gleichgültig, was uns geschieht, wir können immer im Schatten eines Olivenbaums ausruhen. Wahrscheinlich würde er uns, mit ein paar Kräutern und darunter angebautem Gemüse, sogar ernähren. Er ist so wertvoll wie das Vergnügen, sein Rauschen über dem Meer zu hören, zu sehen, wie unser eigenes, mühsam erarbeitetes Öl, klarer und schöner als alles Gold, aus der Zentrifuge fließt. Und wenn nicht, werden wir uns in Geduld üben, mit Caterina und Alessandra über das Leben und die Ernte philosophieren und wissen, dass es spätestens im nächsten Jahr wieder ganz anders kommt.

Eine Welt aus Damast und Schiefer

Am Eingang zum Val Fontanabuona verhängen tiefe Nebel das Tal. Lange bevor die kurvenreiche Straße nach Lorsica abbiegt, ist in Favale die traurige Figur des Emigranten mit dem schwarzen Koffer zu sehen. Die Geschichte der Emigration hat im Val Fontanabuona die Erinnerung vieler Menschen bestimmt. Bereits Ende des 19. Jahrhunderts traten viele vom Hafen Genuas aus in gigantischen Ozeandampfern die Reise in die Neue Welt an, aus der es häufig keine Rückkehr mehr gab. Die ligurischen Dörfer im Hinterland boten, außer in der Landwirtschaft, kaum Arbeitsmöglichkeiten. Wer eine neue Perspektive suchte, war häufig zur Emigration gezwungen. Die zweite Emigrationswelle begann in den dreißiger Jahren und hielt bis in die fünfziger Jahre an; damals wanderten viele nach Südamerika aus. Der Genueser Dialekt war damals auf allen Meeren zu hören. Die Kultur Liguriens ist, je näher man der Stadt Genua kommt, von den vielfältigen und kosmopolitischen Einflüssen aus allen Ländern des Mittelmeeres geprägt. In Buenos Aires, erzählt uns ein Mann in Favale, gibt es ein ganzes Stadtviertel, in dem heute noch genuesisch gesprochen wird.

Wir sind auf dem Weg in das alte Damastdorf Lorsica, in dem seit vielen Jahrhunderten wertvoller Damast, ein schwerer Stoff aus Seidenfäden mit reliefartiger Oberfläche, gewebt wird. Lorsica ist einer von vier, fünf Orte in Italien, in denen diese alte Handwerkstradition überhaupt noch aufrechterhalten wird.

Über eine steile Brücke biegt der Weg zwischen tiefschwarzen Bäumen in die Berge ab.

Nach ein paar hundert Metern springt Fotograf Wolfgang aus dem Auto. Über die grünen Berghänge und ersten Häuser hängen tiefe Nebel. Das Seidendorf zeigt sich eingehüllt in schützende Gewänder, die sich in auf- und abwallenden Schichten über den Wildbach ziehen. Hat Lorsica heute für uns sein schönstes Gewand angelegt? Verwischen sich hinter dem Nebel die Konturen der äußeren Realität?

Auf kein Dorf, sagt Wolfgang, war er so neugierig wie auf Lorsica, und jetzt liegt es nebelverhangen da. Eine einzige Straße führt zwischen Steineichen und Efeu umrankten Mauern ins Dorf und auch wieder hinaus.

Von weitem sehen die Häuser aus, als hätte ein versonnener Künstler mit kubischen Steinen Domino gespielt und, in Erinnerung an das Meer, ein paar pastellfarbene Töne in die Landschaft gefügt.

Selbst in dem kleinen Ort bilden die aufsteigenden Gassen ein Labyrinth, und erst beim dritten Anlauf finden wir den verborgenen Faden, der hinauf zur alten Damastweberei führt. Noch können wir uns nicht vorstellen, dass sich die Farben des

Orients und die Handelsbeziehungen der alten Seerepublik ausgerechnet in Lorsica wieder finden.

Wir gehen an einem wunderbar verwilderten Garten vorbei. Er lädt uns ein, in Lorsica zu bleiben und uns auf der Bank zwischen hoch wuchernden Grünpflanzen auszuruhen. Können wir in Lorsica mehr als nur Gast für einen Augenblick sein? Dann ist das Hinweisschild zu sehen und gleich darauf ein stattliches weißes Haus mit kunstvoller roter Verzierung. Haben sich die Seidenweberinnen, nachdem sie nach jahrhundertlanger Armut nun endlich wohlhabend sind, den kapriziösen Einfall erlaubt, die Fassade ihres Wohnhauses mit Damastmuster zu verzieren? Genau das haben wir, erklärt Clelia De Martini später lächelnd. Sie ist sichtbar stolz darauf.

Wir stehen vor der Werkstatt und öffnen die Tür. Unter unserem leichten Druck gibt sie sofort nach. Niemand ist im Raum zu sehen, und doch ist er von geheimnisvoller Präsenz erfüllt.

Die riesigen Webstühle kommen uns wie Monster vor. Wie hart muss die Arbeit sein, weil die Menschen doch um so viel kleiner als die hölzernen »Ungeheuer« sind.

Es ist, als beobachten wir einen verbotenen Zauber. Wir sind erstaunt und werden angezogen von der fast magischen Sphäre, die doch im deutlichen Kontrast zur heutigen Belanglosigkeit des ganzen Dorfes steht.

Wir sehen die Spulen, die Fäden, die Muster, die Lochplatten aus Metall. Das Geheimnis, wie aus einfachen Fäden und Metallvorlagen ein faszinierendes Muster entsteht, geben sie nur den kundigen Augen preis. Aus den Seidenballen versuchen wir den Geruch des Orients wahrzunehmen, und doch riechen wir nur Mottenkugeln und blicken noch ins Leere, weil niemand die Muster erklärt oder die Wandschränke mit ihrem fantastischen Inhalt öffnet.

Schließlich kommt Rosa, die junge Weberin, herein. Rosa beginnt zu erzählen, und nicht nur die Fäden und Materialien, sondern auch die Erzählungen und die Arbeiten der Frauen bilden ein feines Mosaik. Rosa ist schmal, jung, mit dunklem Haar, und an diesem Mittwoch ausgerechnet rosa gekleidet. Wenn sie mit ihren flinken Händen die Seidenfäden in allen Rot- und Rosatönen aufzieht, sieht sie wie eine Fee aus einer Märchenwelt aus.

Bei den winzigen Mustern des Seidendamastes denken wir an lebenslang verdorbene Augen. Was für ein Widerspruch, dass Seide, der wertvollste aller Stoffe, seit jeher in besonders armen Gegenden hergestellt wurde, in denen es keinerlei andere Verdienstmöglichkeiten gab. Die Welten von Arm und Reich haben sich schon vor den Zeiten der Globalisierung immer vermischt. Vom Hafen Genuas aus wurde der wertvolle Stoff exportiert.

Zwei Schwestern, Clelia und Amelia De Martini, haben den alten Handwerksbetrieb von den Großeltern übernommen und das Metier als einzige im Dorf weitergeführt. Die Damastproduktion ist in Lorsica bereits im Jahr 1500 dokumentiert. Oben wuchsen die Kastanien, unten am Fluss die Maulbeerbäume, einzige Nahrung der Seidenraupen, erklärt Clelia. Die Frauen haben die wertvollen Raupen, damit sie vor Kälte geschützt waren, unter dem Mieder getragen. Sie haben sie sogar am Sonntag mit in die Kirche genommen. Wir schauen aus dem Fenster auf die Gemüsegärten hinaus und fragen Clelia nach dem Mittagessen, weil wir wissen wollen, wie es in Lorsica schmeckt. Heute gab es Kürbisrisotto, sagt sie, die Zwiebel wird glasig gedünstet, der Kürbis gewürfelt, dazu kommen heiße Brühe, Butter und Parmesan. Auch ein Lorbeerblatt gibt sie dazu, aber vielleicht nur, weil man in ihrer Familie eine Vorliebe für Lorbeer hat. Im Garten steht, wie häufig in Ligurien, ein riesiger Baum.

Die Familie De Martini ist die einzige, die die alte Handwerkstradition in Lorsica aufrechterhält, und inzwischen arbeiten hier wieder zwei Generationen. Alessandro, der Mann von Clelias Tochter Stefania, hat das Marketing übernommen, und die Handelsbeziehungen reichen inzwischen bis nach Südamerika. Viele ligurische Emigranten schmücken dort ihre Häuser mit Damast aus Lorsica.

Wir sehen, wie Clelias Augen aufleuchten, wenn sich ihre kleine Enkelin an sie schmiegt oder wenn sie die Türen des Wandschrankes öffnet. Wieder so ein durchdringender Geruch nach Mottenkugeln, der den ganzen Flur erfüllt. Hat Clelia vergessen, dass man Seide auch mit Rosmarinzweigen vor Motten schützen kann?

Nach dem ersten leichten Ekel vor dem Naphtalin-Geruch erkennt man die ganze Pracht. In dem bescheidenen Wandschrank leuchtet es in zarten und intensiven Farben, in den schillernden Blautönen von Meer und Gebirgsseen, in durchdringendem Gold und sanftem Grün; das Rot und Violett haben wir draußen bei den Narzissen im Garten gesehen. Daneben liegen cremefarbene Stoffe, handgewebtes Leinen mit wertvollen handgearbeiteten Spitzen.

Ob wir einen Meter kaufen, frage ich Wolfgang. Die Farben sind leuchtender, glänzender, als wir es je gesehen haben.

Doch obwohl uns die Stoffe gefallen, würden wir es nie wagen, sie besitzen zu wollen. Die himmelblaue Seide scheint uns wie geschaffen für Kleider, deren gewaltige Schleppen über marmorne Treppen gleiten; das gelbe Streifenmuster gehört nur in Schlösser, wo die Gäste an damastgedeckten Tafeln vor goldenen Tellern sitzen und tausend Kandelaber zum Tanz einladen. Wir beschließen, die farbigen Ballen in ihrer intakten Schönheit nur zu bewundern. Clelia verschließt den Schrank und wendet sich wieder ihrer kleinen Enkelin Rachele zu. Gleich wird sie in den Garten gehen und die Kräuter für das Abendessen rupfen.

Beim Verlassen des Dorfes fällt uns auf, wie einheitlich alle Dächer aus glattem Schiefer sind – pechschwarz, glänzend, der Sonne preisgegeben. Mit dem geheimnisvollen Glanz scheinen die glatten Schieferdächer eine angemessene Fortsetzung des Damastes zu sein.

Alle Häuser sehen von oben, ob verlassen oder bewohnt, gleichmäßig glänzend und schwarz aus.

Wir fahren durch das Tal bis zu den letzten, nahezu aufgegebenen Weilern hinauf. Marco Cambri, Liedermacher, empfängt uns in einem abgelegenen Schulgebäude, das er sich als ständigen Wohnsitz hergerichtet hat. Dreimal die Woche fährt er von hier aus die fünfzig Minuten nach Genua. Wir sprechen über die Mentalität der Leute. Hart sind sie, sagt Marco, hart wie der Stein, mit der Erde verbunden. Der Schiefer ist für ihn Inbegriff des ländlichen Liguriens, der harten Arbeit auf den »fasce«. In seinen Liedern hat er den dörflichen Festen und den Gestalten des Fontanabuona-Tales ein Denkmal gesetzt: Frauen und Männern, die mit wenigen Werkzeugen und gleichen Bewegungen die Erde bearbeiten, sich nach dem zu- und abnehmenden Mond richten und mit Sehnsucht und Angst hinunter zum Meer blicken.

Schiefer ist ein typisch ligurischer Stein, bescheiden und widerspenstig wie die ligurische Erde oder wie die Ligurer selbst. Das tiefe Schwarz verleiht dem Stein einladenden Glanz, und bei näherer Betrachtung ist Schiefer weich und gefügig. Seit dem 8. Jahrhundert v. Chr. wird im Fontanabuona Tal und an der Ponente Schiefer abgebaut, wie man aus archäologischen Funden weiß. Damals ist die berühmte Nekropolis von Chiavari entstanden, die ganz aus Schieferplatten errichtet war. Erst 1959 hat man die wertvollen Überreste entdeckt. Seit dem 12. Jahrhundert wird Schiefer intensiv und gezielt wirtschaftlich genutzt, kurze Zeit später begann auch der Handel. Während die Männer den Stein schichtweise abtrugen, war der Transport der schweren Platten den Frauen vorbehalten. Der Urlaut im Dialekt, erklärt unser kundiger Führer Marco, »må«, bedeutet hier gleichermaßen »Meer« und »Leid«. Hat es mit dem schweren Weg der Frauen zu tun?

Auf den schmalen Maultierpfaden hinunter zur Küste gingen die Frauen barfuß hintereinander her, um auf dem steinigen Boden besseren Halt zu finden. Die Platten wurden auf dem Kopf getragen, gehalten von einem kunstvoll geschlungenen Ring aus dem Kopftuch, wie er heute noch in den ländlichen Gebieten üblich ist. Erst in der Mitte des 19. Jahrhunderts entstand die Verbindungsstraße zwischen Cicagna, dem Hauptort des Tales, und der Handelsstadt Chiavari. Bis dahin war das Fontanabuona-Tal isoliert. Viele Paläste und Kirchen Genuas sind aus Schiefer und Marmor aus dem nahen Carrara erbaut, was ihnen einen reizvollen schwarz-weiß-Kontrast verleiht. In Cogorno kommen wir an der Kirche San Salvatore, der höchsten aus Schiefer errichteten Kirche Liguriens, vorbei. Die schwarz-weißen Streifen kommen uns in ihrer perfekten Geometrie wie die Nachahmung der ligurischen »fasce«, der schmalen Landstreifen, vor. Hier, im Tal des Schiefers, sind auch die Vorfahren von Christoph Kolumbus geboren.

Heute noch ist Schiefer in Ligurien ein wichtigstes Material für die Innenausstattung. Treppen, Fußböden, Badeeinrichtungen, Kamine und Türstürze werden aus Schiefer erbaut. Die Billardtische aus dem Val Fontanabuona sind in der ganzen Welt berühmt.

Marco führt uns nach Orero in eine Schiefer-Werkstatt, neben der sich auch das Schiefer-Museum befindet. Zaghaft treten wir ein: in einen schwach erleuchteten Raum, in den nur an manchen Stellen das diffuse Tageslicht einfällt. Als wir die Männer mit den riesigen schwarzen Steinblöcken sehen, kommen wir uns wie in den Eingeweiden Liguriens vor. Seit Generationen werden hier die gleichen Bewegungen ausgeführt: Blöcke geschliffen, geschnitten, immer wieder mit Wasser übergossen, so dass, vom eigenen Staub befreit, ihre glänzende Oberfläche zum Vorschein kommt. Doch so schwer und mächtig der Stein wirkt, so zerbrechlich ist er auch. Jeder Steinblock besteht aus den »strati«, den zentimeterdicken Schichten, die ein Arbeiter gekonnt voneinander trennt. Nur wenn man mit dem Stein umzugehen weiß, gibt er sein Geheimnis preis und zeigt den weichen, inneren Kern.

Überall am Straßenrand sehen wir die aufgegebenen Steinbrüche; Höhlen, die tief ins Innere der Erde führen. Aber nie sind es Wunden, weil die Menschen in Ligurien, selbst hart und weich wie ihr Stein, respektvoll mit dem Schiefer gehandelt und ihn vorsichtig, Schicht um Schicht, von oben nach unten, abgetragen haben.

In einem einsamen Seitental führt uns Marco zur Kathedrale Liguriens, ein Anblick, der uns fast den Atem nimmt: Vor uns liegt ein aufgegebener Steinbruch, dessen Rand, durch Zufall oder Menschenhand, in Form eines Amphitheaters erhalten ist. Hier hatte man tatsächlich Theateraufführungen geplant, erzählt Marco hatte am Ende aber doch Angst, dass der aufgegebene Steinbruch bei zu großen Menschenmengen eine Gefahr darstellen könnte.

Vorsichtig nähern wir uns und gehen durch eine Urlandschaft aus schwarzem Stein; wir gehen über Krater, hören das Echo unserer Stimmen, das von den glänzenden, zerklüfteten Wänden prallt. Wir sind mitten in einem gigantischen Naturereignis, Kathedrale und Amphitheater zugleich. Vor diesem gewaltigen Hintergrund sind wir vergängliche, winzige und unbedeutende Gestalten. Mitten im Wald, bei Sonnenuntergang, fühlen wir uns im Allerinnersten, im tiefsten Herzen Liguriens: Aus dem Holz wurden Jahrhunderte lang die Schiffe für die Abenteuer auf den Meeren gezimmert, aus dem Schiefer die Häuser für die glückliche Rückkehr erbaut.

Die Stadt der tausend Segel

Der Blick über die Bucht von Camogli ist offen, und die unbegrenzte Weite des Horizontes bildet einen faszinierenden Kontrast zur Enge der Stadt. Camogli – eine Stadt, die in die Höhe gewachsen ist und »città dei mille velieri«, Stadt der tausend Segelschiffe, genannt wird.

»Tausend Segelschiffe«, sagt Buby Senarega, Liedermacher und früher Seekapitän, in so tiefem Bass, dass es fast etwas unwirsch klingt, »wo sollen die denn hin?« Jedenfalls waren in der Vergangenheit regelrechte Dynastien von Schiffskommandanten und Seekapitänen in Camogli zuhause. Die Deutung des Namens »Ca mogli«, Stadt der Frauen, kommt uns da schon etwas sinnvoller vor. Natürlich blieben, wenn die Männer zur See fuhren, die Frauen in den Häusern zurück.

Als uns Buby Senarega zum ersten Mal die Geschichten über seine Heimatstadt erzählt, denken wir, dass wir in der Vergangenheit vielleicht nie neugierig auf Camogli waren, weil die Stadt allzu sehr mit den tausend Segelschiffen in Verbindung gebracht wurde.

Aber in Bubys Begleitung tauchen wir ziemlich bald in das Innere der Stadtgeschichte ein. Zweiundzwanzig Kilometer sind es von hier aus noch bis Genua. Für Buby ist Camogli Inbegriff der menschlich intakten Beziehungen in der Provinz. Auf zwanzig bis

Camogli im Abendlicht

Der soziale Kontakt ist bei den Camogliesern sehr ausgeprägt. (linke Seite)
Nirgendwo scheinen die Häuser so hoch wie in Camogli zu sein. (rechte Seite)

Camoglieser haben immer das Meer im Blick. (nachfolgende Doppelseite 112–113)
Der Geruch des Meeres dringt in die Häuser ein. (nachfolgende Doppelseite 114–115)
Karussell in Camogli (nachfolgende Doppelseite 116–117)

Der Blick über die weite Bucht von Camogli bildet einen faszinierenden Kontrast zur Enge der Stadt. (diese Doppelseite)

Ligurisches Meer: Tor zum Ozean

dreißig Begrüßungen am Vormittag kommt er bei einem kurzen Spaziergang durch die Stadt leicht. Wir haben mitgezählt.

Nirgendwo in Ligurien sind die Häuser so hoch wie hier, erklärt Buby Senarega, der außerdem den Namen eines Genueser Dogen trägt, als wir durch die schmale Via Garibaldi gehen. »Habt ihr gesehen, welche Manöver hier ein Autobusfahrer machen muss?« Natürlich ist eine der Hauptstraßen nach dem Nationalhelden benannt, nur sagen die Camoglieser »Caruggio della Polmonite«, Gasse der Lungenentzündung, dazu. In der zweiten Häuserreihe hinter dem Meer ist es so schattig und windig, dass sich der realistischere Name durchgesetzt hat. Die Häuser sind fünf, sechs Stockwerke hoch und mit aufgemalten Fenstern verziert. Erstaunt erfahren wir, dass dies nicht poetischer Eingebung, sondern dem sprichwörtlichen Geiz der Camoglieser zu verdanken ist. »Für jedes Fenster musste man früher eine Art Steuer zahlen«, erklärt Buby. Alle Ligurer, vor allem die Genueser, sind für ihre Sparsamkeit bekannt. »Aber ein Camoglieser ist so geizig wie fünf Genueser zusammen«, sagt Buby Senarega. »Aber nein, wie sieben«, mischt sich eine vorbeikommende Signora sachkundig in unser Gespräch ein.

Wir sind nur wenige Meter vom Meer entfernt, von hier aus erscheint es unbegrenzt. Wir kommen nun doch auch zu vertraut und schützend wirkenden Plätzen zwischen den Häuserreihen, wo die Gewohnheiten der Bewohner zum offiziellen Namen geworden sind. An der »Madonna delle gotti«, der Madonna der Weingläser, und der gleich daneben liegenden Osteria vorbei, gelangen wir zur »Piazza delle Signore secche«. Jeden Morgen, erklärt Buby Senarega, hat man die spindeldürren Damen auf den kieselverzierten Platz gebracht und trug sie am Abend, mitsamt ihren Sesseln, wieder herein. Ununterbrochen redeten die beiden miteinander und mit allen Passanten; die Piazza wurde einer der wichtigsten Treffpunkte des sozialen Austausches. »Ich habe gerade Mehl eingekauft, willst du ein bisschen davon? Gib mir etwas anderes dafür!«

In Camogli, sagt unser Begleiter, findet noch das ursprüngliche Leben in der Provinz, mit all seinen liebenswerten, aber auch einengenden Zügen, statt. Seine Nebensächlichkeiten machen die Qualität des Alltages aus. Durch die Stadt gehen heißt stehen bleiben und Bekannte begrüßen, sagt Buby, und wenn er einmal schneller gehen will, braucht er nur ins nahe Genua zu fahren.

Rund um den Hafen sind viele Häuser geschlossen – hier wohnen keine Fischer oder Seeleute mehr, sondern Norditaliener, die nur am Wochenende und im Sommer kommen. Wer heute aus den hohen Häusern zur Bucht hinuntersteigt, hat mit dem Leben des alten Camogli meist nichts mehr zu tun.

Das tiefe Verhältnis zum Meer hat das Leben in der Stadt ständig bestimmt. Aber das Meer hat man von dieser Piazza aus nicht gesehen, werfen wir ein. »Aber es ist immer gegenwärtig. Ist es manchmal nicht noch präsenter, wenn man es sich vorstellen muss?« fragt Buby. Die Stadt wird uns in vielen kleinen Schritten vertraut, und plötzlich kommt es uns vor, als liefen wir in immer engeren, konzentrischen Kreisen genau auf die Orte zu, an denen sich das tiefe Verhältnis der Stadt zum Meer zeigt.

Im neueren Teil des Ortes öffnet sich eine breite, nichtssagende Piazza, der ein gestrandeter portugiesischer Seekapitän seinen Namen gegeben hat. Die Geschichte ist so atemberaubend, dass sie auf einer kleinen Tafel festgehalten ist: Nach Tristan da Cunha ist nicht nur die Piazza, sondern ebenso eine Insel im südatlantischen Ozean benannt, auf der sich 1552 gestrandete Seeleute niedergelassen haben. 350 Jahre später hat ein Camoglieser Schiff die Nachfahren der Gestrandeten zurückzuholen versucht. Doch die hatten nur müde abgewinkt und sich längst auf dem paradiesischen Eiland eingelebt. Der fantastischen Insel hat Buby Senarega ein Lied gewidmet.

Am Ende des Platzes gehen wir eine schmale, unscheinbare Wendeltreppe hinauf und befinden uns plötzlich am Eingang des »Museo Navale«. Als wir eintreten, sind wir von Schiffstruhen, vom Geruch alter Holzschiffe und von unzähligen Abbildungen weißer Segel umgeben. »Brigantino« heißt dieser Urtyp des Segelschiffes, erklärt Museumsführer Gino Anselmi, es gibt ihn als Zwei- oder Dreimaster. Etwas Stolzes, Freies und Unbeherrschbares geht von den dreißig bis fünfzig Meter langen Schiffen aus. Die meisten der hier gesammelten Dokumente stammen aus dem 19. Jahrhundert, als die kleine Stadt eine regelrecht eigene Flotte aufgebaut hat. Alle Familien der Stadt waren an diesem Erfolg beteiligt. Viele Camoglieser haben als Schiffskommandanten ihr Glück auf den Meeren versucht. Viele fingen mit zwölf, dreizehn Jahren als »mozzo«, als Schiffsjunge, an und haben vom »nostromo«, dem erfahrenen Bootsmann, die ersten Handgriffe der Seefahrt gelernt: »Die rechte Hand ist für das eigene Leben, die linke für das Schiff«, heißt es in einer alten Schrift. »Viele der großen Kommandanten fingen sehr bescheiden an«, erklärt Gino Anselmi, »mit dem Beginn ihrer Karriere als Seekapitäne haben sie ein Schiff gekauft, es hergerichtet, weiterverkauft und den Gewinn investiert. Manche haben es auf diesem Weg zu einer ansehnlichen Karriere als Reeder gebracht.« Die tausend weißen Segelschiffe, bei den »Brigantini« immer aus Seide, waren zwar im Besitz der Camoglieser, lagen jedoch nicht in dem kleinen Hafen, sondern in Genua und wurden im Auftrag der Reeder im nahen Varazze gebaut. Durch Umsicht und Können war es den Bewohnern der Stadt gelungen, ein weitreichendes Handelsnetz über die Weltmeere und soliden Wohlstand aufzubauen. Die vielen Villen auf den Hügeln Richtung Ruta geben Zeugnis davon. Und noch etwas anderes erfahren wir hier, das uns die stolzen Camoglieser Kapitäne sympathisch macht: Nie hat einer von ihnen, anders als in den großen Seerepubliken Venedig oder Genua, mit Sklaven gehandelt. »Ein einziger hat einmal, gegen die Abmachung, drei Sklaven mitgebracht und wurde mit Schimpf und Schande aus der Stadt gejagt. Man hat ihn hier nie wieder gesehen.«

Immer mehr tauchen wir in die geheimnisvolle, faszinierende Welt der Meere ein und beginnen, das Leben in Camogli zu verstehen: wo das Meer real und immer, wie auf der Piazza der spindeldürren Schwestern, Teil der eigenen Vorstellungswelt war. Wir tauchen in den Anblick der Segelschiffe ein, wir sehen, wie sie strandeten, von Piraten geraubt oder von mutigen Camoglieser Schwestern gerettet wurden. Sogar das Schiff, auf dem Joseph Conrad über die Ozeane fuhr, ist hier abgebildet. Wir stehen vor Flaschen, die mit dem bunten Sand exotischer, weit entfernter Inseln gefüllt sind. Wir sehen die aufgeblähten Segel aus weiß glänzender Seide, detaillgetreu in Miniatur nachgebildet, und erfahren, dass sie von Camoglieser Frauen in langen Wintern genäht wurden.

Wir lesen die alten Schiffstagebücher, erfahren von Reisen von Hamburg nach Birma, von wertvollen Frachten und dem Leben an Bord. Ob er sich selbst bei seinen Fahrten über das Meer immer sicher gefühlt hat, fragen wir Gino Anselmi. Aber natürlich, sagt er, an Land kann einem ein Dachziegel auf den Kopf fallen und überhaupt viel mehr passieren.

Schon 1853 gab es in Camogli die erste Versicherungsgesellschaft für Seehandel, die dann international zum Vorbild wurde. Zur gleichen Zeit entstand auch das »Istituto Nautico«, die Ausbildungsakademie für Seekapitäne. Noch in meiner Jugend, erklärt Buby Senarega, der früher selbst über die Meere fuhr, war es der größte Wunsch jeder Camoglieser Familie, dass der älteste Sohn nicht etwa Arzt oder Wissenschaftler, sondern Seekapitän wurde. Frauen waren hier natürlich nicht vorgesehen, aber inzwischen drängen sie immer weiter vor. Fünf Jahre dauert der Studiengang, bei dem man neben Navigation, Wirtschaftshandel und Maschinenbau auch Meteorologie studiert. Zur See fahren hieß früher, dass sich alle Offiziere um zwölf Uhr mittags trafen, um gemeinsam festzustellen, wo man sich befand. Manchmal irrte man sich um einen Kilometer, sagt Buby Senarega, aber bei der Weite des Ozeans war das kein großes Problem. Heute drückt man lediglich auf einen Knopf, um den Standort zu bestimmen; man findet sich heute über Radar und ausgefeilte Computersysteme zurecht. Die alten Messinstrumente, Kompasse und ein Foucaultsches Pendel sind nur noch hinter Glaskästen zu sehen. Auch in der Seefahrt werden die Berechnungen inzwischen mit Computern durchgeführt.

Wir verlassen das »Museo Navale« und gehen, von Bubys Erzählung neugierig geworden, auf eine gelbe Villa am anderen

Ende des Ortes zu. Als wir auf der Treppe der »Casa di riposo per la gente di mare«, dem Altersheim für Seeleute, stehen, kommt uns die Villa wie kein normales Gebäude, sondern wie ein zu Stein gewordenes riesiges Boot vor. Ob wir hier etwas von den Geheimnissen der Meere erfahren? 21 ehemalige Seeleute leben hier. »Es würde uns ganz schön in Verlegenheit bringen, wenn plötzlich eine Frau alle Voraussetzungen für die Aufnahme mitbringen würde«, sagt Vizedirektor Antonio Rey, »aber Frauen sind früher einfach nicht zur See gefahren.«

Als wir mit Omero Repetto und Ex-Kommandant Alessandro Bagioli aus dem Fenster schauen, scheint es, als würden wir mit ihnen über das Meer fahren und als sei der Innenraum nur eine vorübergehende Station. »Kabine« und nicht etwa Zimmer wird von den Seeleuten ihr Domizil im Altersheim genannt. Omero Repetto war Heizer, Alessandro Bagioli ein großer Kommandant, wie uns die anderen erzählen. Doch das Meer macht alle gleich, haben wir in einer alten Schrift im Museum erfahren.

Omero Repetto weiß zu erzählen, dass das Meer vor der ligurischen Küste voller Fische war. In seiner Jugend war er auf einem Fischkutter meistens zwei, drei Tage unterwegs, um Rotbarben, goldene Brassen und Makrelen zu fangen. Heute ist das ganze Gebiet um die Küste ziemlich leer gefischt. Nur die Sardinenschwärme an der ligurischen Küste sind im Frühsommer zu sehen. Sie werden noch nach der traditionellen Methode, mit Leuchtfischerbooten, gefangen. Die Fische werden dabei durch das Licht angelockt und mit Netzen gefangen, nachdem man sie zusammengetrieben hat. Diese Fangart setzt große Geschicklichkeit und ein gutes Zusammenspiel der Fischer voraus. Alle anderen Fischarten werden heute aus Livorno oder aus dem Süden angeliefert. Später fuhr Omero mit Öltankern von Genua in den Mittleren Orient und von dort zurück nach Nordeuropa. Im Irak war er früher, und er weiß noch, wie gut man sich als Seemann mit den örtlichen Mitarbeitern verstanden hat. Im Zweifelsfall hat man genuesisch gesprochen. Das Meer macht alle gleich.

Siebzehntausend Tonnen Rohöl mit meist vierzig Mann Besatzung hat ein Tanker über die Meere transportiert.

Während wir Omero zuhören, wirkt das Meer plötzlich nah und vertraut.

»Ich bin in Bergamo weit entfernt vom Meer geboren«, beginnt Ex-Kommandant Bagioli seine Geschichte, »und aus Heimweh nach dem Geburtsort meiner Mutter zurückgekehrt.« Damals war er dreizehn Jahre alt und erinnert sich an das Glück, als er zum ersten Mal als Schiffsjunge mit einem Passagierdampfer über den Ozean fuhr. Siebzehn Tage dauerte damals eine Überfahrt von Genua nach Südamerika. Die berühmten Transatlantikdampfer waren schwimmende Städte, die den Fahrgästen Musik, Tanz und ein sorgloses Leben voller Glamour boten. Noch in den fünfziger Jahren waren sie in Genua berühmt. An welche Reisen er sich besonders erinnert? Zum nördlichen Polarkreis, wo Land und Meer immer von Licht und Sonne durchdrungen waren. Natürlich war es mit viel Verantwortung verbunden, große Mengen Rohöl mit vierzig Mann Besatzung – oft unterschiedlicher Nationalität und mit eigenen Gewohnheiten – sicher über die Meere zu führen. Früher waren Schiffsbesatzungen oft ein ganzes Jahr unterwegs, ohne ihre Heimat zu sehen. Heute fährt niemand mehr länger als vier, fünf Monate über das Meer. Ob er sich an seine letzte Reise erinnert? Nach Südamerika, sagt Kommandant Bagioli, wie das erste Mal, unsentimental und sachlich, so, als wenn es gestern gewesen wäre.

Bei jedem Mittagessen, welches ein ungewöhnlich guter Koch zubereitet, sprechen die Seeleute über Schiffe und das Meer, sagt er noch. Das langweilt ihn mittlerweile. Zur Zeit bastelt er lieber an einer Sonnenuhr. Gemeinsam schauen wir über das Meer, ganz nahe liegt es vor uns, im gleißenden Sonnenlicht. Es ladet zu immer neuen realen und imaginären Reisen ein.

Pasta zwischen Kräutergärten und Meer

Das hellrosa Gebäude des »Pastificio Novella« fügt sich mit seiner geschwungenen schwarzen Aufschrift »Novella, dal 1903« oberhalb des Ortskernes von Sori in die hügelige Landschaft ein.

Sori ist ein kleiner, unspektakulärer Ort, der mit vielen bunten Häusern an die Steinhänge über der Küste gebaut ist. Dort verläuft auch eine gigantische Brücke. Die felsige Bucht, gleich unten am Meer, ist so eng, dass sich die geballte Kraft der Sonne sogar an diesem Februartag zwischen den Felsen fängt. Weiter oben sind die Hänge von Sori mit Gemüse- und Kräutergärten bewachsen und scheinen mit ihrem üppigen Grün direkt ins Meer hinabzufallen.

Vielleicht hat gerade diese besondere Lage, ganz nah an den Gärten und doch am Meer, zur Gründung einer Nudelfabrik geführt. »Man isst nichts ohne Salz«, heißt es in einem alten Buch, das uns ein Koch im nahen Nervi zeigt. »Das Meer liefert das wichtigste Element, den wichtigsten Geschmack. Man spürt das Salz in der Luft, wenn es gegen die klaren Konturen der Felsen schlägt und manchmal so hoch spritzt, dass es die Blätter von Borretsch, Fenchel und Majoran berührt.«

Wie stellen wir uns einen italienischen Nudelmacher vor? Mit duftenden Kräutern am Marmortisch? Vor uns hebt sich ein gelb-weißer Plastikvorhang, und wir treten in weißgekachelte, klinisch reine Räume ein. Das ist pures High-Tech, sagt Wolfgang, großzügige Räume über zwei Stockwerke, mit blitzblanken Kacheln, Misch- und Wiegevorrichtungen aus Edelstahl.

Natürlich glänzt es, und es sieht einwandfrei hygienisch aus, schließlich werden hier Lebensmittel hergestellt.

Es war unsere Entscheidung, nur frische Nudeln herzustellen, erklärt Paolo Cavassa, der mit seinen beiden Brüdern und seinem Cousin Geschäftsführer in dritter Generation ist. Im nahen Chiavari hat er Schiffsmaschinenbau studiert, und heute geht er mit dem leichten und doch sicheren Schritt eines erfahrenen Kapitäns durch die Fabrik. »Eigentlich stellen wir nur das her, was die Frauen von Sori und Uscio Jahrhunderte lang in ihren Küchen zubereitet haben: frischen Pastateig aus Wasser und Mehl, mit einer Füllung aus Käse oder Fleisch und vielen Kräutern versehen. Niemals«, erklärt er gleich weiter, »werden hier Eier verwendet, weil ihr Geschmack die feinen Kräuterfüllungen ›neutralisieren‹ würde. Sie passen nur in die Emilia, wo die Küche mit ihren deftigen Fleisch- und Tomatensaucen auch die schwerere Pasta mit Eiern verträgt.« »Die Küche Liguriens«, lesen wir in dem alten, zerblätterten Kochbuch, »ist die stolze Tochter der Landschaft, einfach und in ihren Zutaten begrenzt wie der herbe Landstrich, dessen Aussehen überall von Olivenbäumen, Kapernsträuchern und knorrigem Rosmarin geprägt wird.«

Die Pastaproduktion, erzählt Paolo Cavassa, während wir durch die Gänge der kleinen Fabrik gehen, hat in der Provinz von Genua eine besonders lange Tradition.

Schon im 13. Jahrhundert hatten Genueser Händler die Pasta aus Sizilien mitgebracht. Bereits im 9. Jahrhundert hat eine arabische Schrift Teigwaren in Palermo erwähnt. Denn vom 9. bis zum 11. Jahrhundert war die Insel Sizilien arabisch besetzt. Von Sizilien aus haben sich die Teigwaren ab dem 12. Jahrhundert in den anderen Regionen Italiens verbreitet, noch lange vor Marco Polos Reise nach China. Die erste »Hauptstadt der Pasta« war also Palermo, aber Genua folgte bald nach. Im Jahr 1574, zur Glanzzeit der Seerepublik, sind in der Stadt und ihrer Umgebung die ersten Gilden der Nudelmacher dokumentiert. Bis zum 16. Jahrhundert waren Nudeln ein Luxusprodukt, deren Produktion in Zeiten von Krieg oder Hungersnot sogar verboten war.

1890 gab es in Genua und Umgebung 222 Pastahersteller. Wenig später fing auch Paolo Cavassas Großvater, zunächst noch in der eigenen Küche, mit der Nudelproduktion an. »Stellen Sie sich das vor«, sagt Paolo Cavassa, »Pasta aus der eigenen Küche. Heute würde man uns mitsamt aller Mitarbeiter verhaften.« Wie viele Nudelsorten stellt er eigentlich her? »Gefüllte Ravioli und Pansotti, die traditionellen Trofie – eine spiralförmige ligurische Nudelart – grüne und weiße Gnocchi, schwarze Taglierini, Tagliatelle und viele andere.«

Bei den Nudelmachern in Sori

Ob Ravioli, Pansotti, Trofie, Taglierini …
die Pastaproduktion hat in Ligurien
lange Tradition.

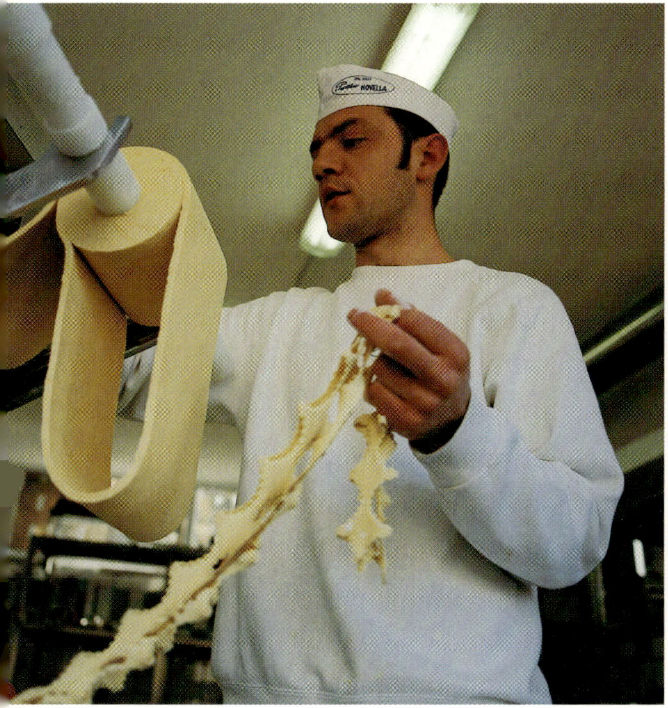

1SV236D

4SV144 D
15 GE 1128 D

CESARE
GIUS

DEMARTINI ADELAID
NATA 30 - 11 - 1876
MORTA 15 - 9 - 1942

Hinterland der Levante (diese Doppelseite)

Ligurische Köstlichkeiten mit Kräutern gefüllt (vorherige Doppelseite 136–137)
Küste bei Rapallo (vorherige Doppelseite 138–139)
Friedhofsfiguren im Hinterland der Levante (vorherige Doppelseite 140–141)

Sestri Levante

Zwanzig- bis dreißigtausend Kilo Pasta verlassen mitsamt in kleinen Plastikbehältern verpackten Saucen jede Woche die Fabrik. Das »Pastificio Novella« ist für seine »Trofie« berühmt, für die Paolos Vater endlich eine passende Maschine erfunden hat. Die Rezepte und Mischungen wurden von Generation zu Generation weitergegeben.

Schließlich gesellt sich seine Mutter, Mina Novella, zu uns. Signora Mina ist im Jahre 1933 in Sori geboren, und sie sagt das so, als habe es für sie nie einen anderen Blick als hinunter zum Meer und auf die Hügel gegeben. Mit ihrer lebendigen Erzählung über all die Pasta, die durch ihre Hände ging, wird der Blick auf ein Kapitel kulinarischer Geschichte frei. Wenn Mina Novella von den spiralförmigen Nudelwellen, den dunkelgrünen Gnocchi und tintenfischschwarzen Tagliolini erzählt, scheinen die Nudeln, wie seit eh und je, lebendigster Ausdruck der Landschaft, des Meeres und all der ligurischen Farben und Gerüche zu sein. Signora Mina hat ihr Leben lang Pasta gemacht. »Avanti e dietro«, vor und zurück, beschreibt sie die den Teig ausrollende Bewegung ihrer Hände, die ihr in Fleisch und Blut übergegangen ist. Wir sehen sie vor uns, als zehnjähriges Mädchen, wie sie die mehlbestäubte weiße Schürze im kleinen Laden von Sori trägt und die regelmäßigen Kreise um Pansotti und Ravioli zieht. Alle vierzig Minuten, erzählt sie, wurden eine viertel Stunde lang die fertigen Bandnudeln mit dem Messer abgeschnitten und zum Trocknen aufgehängt. Einmal war sie, dann wieder ihre Schwester an der Reihe. Mit zehn Jahren hat sie schon Pasta gemacht? »Wir waren froh«, sagt Mina, »dass es nach den Kriegsjahren überhaupt wieder Mehl gab. In der ersten Zeit ist meine Mutter mit dem Zug ins Piemont gefahren und hat es 5-kiloweise eingekauft. Wir haben es als ungeheuren Reichtum empfunden, nach all den Jahren des Hungers wieder mit Mehl, Wasser und Salz hantieren zu können.« »Il lavoro da vita«, die Arbeit schenkt das Leben, sagt sie, und vielleicht wirkt sie deshalb so jung. Ihre Großmutter und ihre Tante, erzählt Mina Novella, haben den Verkauf im ersten kleinen Laden organisiert, und mit jeder Einnahme wurde der Laden erweitert. Ihre Mutter Elisa war für die Füllungen zuständig, und die Männer der Familie haben die fertigen Nudeln auf dem Pferdewagen bis nach Genua transportiert, eingeschlagen in blaues Packpapier und in Körbe verpackt. In kleinen Körben wurde die Pasta auch in den Schaufenstern der Läden ausgestellt. Aus dem kleinen Familienunternehmen ist heute eine richtige Fabrik mit dreißig Mitarbeitern geworden. »Wir haben die Ravioli noch einzeln gefaltet«, sagt Mina Novella, »heute drückt man dafür nur noch auf einen Knopf.«

Wenn man Mina Novella zuhört, dann scheint es, als sei ganz Ligurien nicht etwa in Orte und Straßen, sondern in Pasta-Gebiete, mit sorgfältig gezackten und geschlängelten Kurven, Linien und Kreisen, unterteilt. Aus der Gegend von Sori, Recco und Camogli kommen die »Trofie«, die man hier neben weißem auch aus Kastanienmehl herstellt, was ihnen ein leicht bräunliches Aussehen und einen ungewöhnlichen Geschmack verleiht. Kastanien waren früher das Hauptnahrungsmittel in Ligurien, und so wurden schließlich auch Nudeln aus Kastanien und Mehl gemacht. »Trofie« gab es schon vor zweihundert, dreihundert Jahren, ergänzt Paolo Cavassa. »Aber sie stammen nur aus unserer Bucht«, sagt Mina, »dem ›Golfo del Paradiso‹. Auf der anderen Seite der Hügel, in Rapallo und Santa Margherita, gab es sie früher schon nicht mehr.« In ganz Ligurien werden sie mit der klassischsten aller Saucen, dem Pesto, aus Pinienkernen, Basilikum, Knoblauch und Käse, hergestellt. Die »Pansotti-Grenze«, erzählt Mina, verläuft oben auf den Hügeln von Uscio, in deren Nähe früher auch die alten Salzstraßen Richtung Emilia verliefen. Die Pansotti unterscheiden sich von den Ravioli durch die Mischung aus wilden Kräutern, wie sie nur auf den Hügeln oberhalb der Küste zu finden sind. Die Kräutermischung, im Dialekt »preboggion« genannt, ist Inbegriff der ligurischen Arme-Leute-Küche. Aber was einmal »cucina povera« war, hat sich heute ins Gegenteil verkehrt, weil die Zeit für das mühsame Sammeln – und das Wissen um die verborgenen Stellen – kaum noch mit Geld aufzurechnen ist. Die Kräuter werden von den wenigen Bäuerinnen im Frühjahr gesammelt. Eine ungewöhnliche Mischung aus Borretsch, Löwenzahn, Pimpernell und vielen anderen, deren Namen nur im Dialekt existieren. Inmitten der modernen Nudel-Maschinen stellen wir uns die Steilhänge der Küste im Morgengrauen vor. Wir folgen Minas Augen hinauf auf die »fasce«, die schmalen Streifen Land, als die Frauen von Uscio noch die wilden, im Tau gesammelten Kräuter in ihre handgeflochtenen Weidenkörbe legten und zu Fuß die steilen Maultierpfade zum Meer hinuntergingen.

Mina erinnert sich, wie mühsam es war, die winzigen Blättchen von der Erde zu befreien und sorgfältig zu waschen. Mit Mangold oder Spinat wurde die besondere Mischung der »Pansotti« gekocht – eine aufwändige Arbeit, die man sich heute gar nicht mehr vorstellen kann, sagt sie. Später sehen wir, wie riesige Säcke mit Mangold, dem in Ligurien häufig verwendeten Borretsch und Spinat in großen Edelstahlwannen gewaschen werden. Heute geht es schneller, denken wir, aber der Ablauf ist eigentlich immer noch wie in früherer Zeit.

In guten wie in schlechten Zeiten haben das Meer und die Gemüsegärten die wichtigsten Zutaten für Pasta und Saucen geliefert: Fische, Kräuter, Nüsse und Pilze.

Die Nusssauce von Sori schmeckt so köstlich, dass es nach einem raffinierten Geheimrezept klingt, was es aber nicht ist. Für ihre fünfköpfige Familie nimmt Mina zweihundert Gramm Nüsse, eine Handvoll Pinienkerne, viel Majoran, eine Knoblauchzehe. Früher wurden die Zutaten im Marmormörser vermischt, heute mit dem mechanischen Mixgerät. Öl und lauwarmes Wasser gibt Mina hinzu, bis eine cremige Masse entsteht. »Natürlich hat der alte ›Mortaio‹, der Mörser, seine eigene Poesie«, sagt Mina, »und natürlich schmecken Pinienkerne anders, wenn man sie zwei, drei Stunden vor der Verwendung ins Wasser legt.«

Die Küche des »Pastificio Novella« ist im oberen Stockwerk untergebracht. In einem riesigen Edelstahltopf mit dem Rührstab, der sich ständig bewegt, haben weißgekleidete Köche gerade zwanzig Kilo Kalbfleisch mit viel Lorbeer und Kräutern für die Füllung der Ravioli angesetzt. Der Geruch der Kräuter ist, wie überall in der ligurischen Küche, durchdringend und betäubend gut. Gleich nebenan wird vom Hilfskoch aus Mehl, viel Weißwein und getrocknetem Majoran die dunkelgrüne Masse für die »Cerchietti« hergestellt: ein duftendes, grünes Gemisch, das als kreisrunde Nudeln die Maschine verlässt.

Gemeinsam gehen wir durch die Produktionsanlagen. Die frisch hergestellten Nudeln werden gewogen und 5-kiloweise in Pappkartons verpackt. Bei einer Temperatur von zwei Grad werden sie gelagert. Die Lieferwägen sind entlang der gesamten Küste von La Spezia im Osten und Ventimiglia im Westen und noch weiter ins Piemont unterwegs. In der Lagerhalle holt Paolo Cavassa aus den Kartons ein paar Nudeln heraus. Manche kommen uns wie richtige

Kunstwerke vor. »Das sind kleine Boote«, sagt er, »wie Sie sie überall an der Küste sehen. Wir haben ihnen unsere Gnocchi nachgebildet, ein bisschen Kreativität gehört auch dazu.« Oder vielleicht, denken wir, hat es mit Paolo Cavassas eigentlichem Beruf als Schiffsbauingenieur zu tun, dass er ausgerechnet Gnocchi in Bootsform erfunden hat? Signora Mina holt den alten Holzstempel, in den die besonderen Muster für kreisrunde Nudeln, die »Cerchietti«, eingraviert sind. Auf einem ist der berühmte Leuchtturm von Genua, umgeben von Meereswellen und Sonnenstrahlen, zu sehen. Die schmalen Taglierini, in der schwarzen Farbe der Tintenfische, liefern den Kontrast zu dem dunklen Grün der Nudeln mit Basilikum oder Majoran. Vor uns liegt ein farbiges Nudelpanoptikum.

Ob Signora Mina heute noch den Teig selbst knetet und die Pasta macht? Nein, lacht sie, das fehlte gerade noch. Sie überlegt sich, was sie kocht und schickt ihren Mann in die Fabrik. Nur die Lasagne, die man hier nach dem alten Namen im Dialekt poetisch »mandilli de seta«, Seidentücher, nennt, bereitet sie für besondere Sonntagsessen selbst zu.

Wenn ihre Hände die kleinen Boote der »Gnocchi,« die feinen Spiralen der »Trofie« und die schwarzen Fäden der »Taglierini« berühren, scheint die Pasta ein perfekter Ausdruck der Landschaft, der Farben und Gerüche von Meer und Kräutergärten zu sein.

Klänge und Düfte in der stolzen Stadt

Wir sitzen am »Porto antico«, dem von Renzo Piano als Promenade umgestalteten alten Hafen, und blicken abwechselnd über die Stadt und das Meer. Wo, mit Ausnahme von Genua, kann man denn gleichzeitig den Wellen und dem lauten Treiben in der Altstadt zusehen? Die Morgensonne hüllt den ganzen Platz in verführerisches Licht. Vor uns liegt die »Sottoripa«, der überdachte Säulengang gegenüber dem alten Hafen, wo sich, in unzähligen Läden, Straßencafés und Bazars, die Gerüche und Waren aus vielen Ländern vermischen. Schon 1133 war das ganze Gebiet der »Ripa« als Fortsetzung des Hafens entstanden. Die Läden unter den Portici waren damals öffentlicher Raum, für den die Händler an die Kommune eine Steuer abführen mussten. Gleich hinter den Säulengängen wurden die hohen, farbigen Häuser der Adelsfamilien erbaut. Gelassen betrachten sie seit dem Mittelalter das bunte Treiben zu ihren Füßen. Wir stellen uns vor, wie an der »Piazza di Caricamento« die Schiffe mit wertvollen Stoffen, Metallen und Gewürzen entladen wurden und die Seeleute, voller Heimweh nach den Gerüchen Genuas, in den Läden der »Sottoripa« Kichererbsen-Farinata, Focaccia und gebratene Sardinen aßen.

Neben den damals schon vorhandenen Imbissbuden waren früher die Werkstätten der Segel- und Rudermacher untergebracht.

An diesem Morgen hüllt das klare Licht Menschen, Häuser und das Meer in eine heitere Atmosphäre lebendiger Geschäftigkeit. Es ist, als war es bereits vor einer Ewigkeit so und als würde es, allen Veränderungen unserer Zeit zum Trotz, auch in hundert Jahren noch so sein. Im angrenzenden Passagierhafen haben wir gerade gesehen, wie die Schiffe nach Algier und Tanger ablegten. Genua ist trotz der wirtschaftlichen Krise in den siebziger Jahren mit ihren 650.000 Einwohnern inzwischen wieder eine pulsierende, kosmopolitische Hafenstadt. Aus der jahrzehntelangen Stagnation und der Krise des Hafens hat sie sich durch eine auffallend weise Stadtverwaltung nachhaltig erholt.

Der Hafen ist nicht mehr der lebendige Umschlagplatz wie in früherer Zeit, findet Liedermacher Sergio Alemanno, aber nach der Umgestaltung von Stararchitekt Renzo Piano ist er zum beliebten Treffpunkt der Genueser geworden. Zwischen den Schiffen, echten und nachgebauten, stehen steinerne Bänke, laute und lauschige Plätze wechseln sich ab.

Vor dem Palazzo San Giorgio, im Mittelalter Sitz des ersten Bankhauses, haben wir uns getroffen. 1260, als Simon Boccanegra erster »Capitano del Popolo« wurde, wurde der Palast Regierungssitz; 1407 ging er in den Besitz der mächtigen Bank von San Giorgio über – dem ersten Bankhaus der Welt, das Machiavelli als »Staat im Staat« bezeichnet hat. Wir erfahren kuriose Details. Hier wurde beispielsweise der erste Scheck der Welt unterzeichnet.

Vom Palazzo San Giorgio gehen wir die wenigen Schritte hinunter zum Meer. In seiner Kindheit, erzählt Sergio Alemanno, hat er im Stadtviertel Foce am Meerufer gespielt. Damals war der Hafen noch hinter einer Absperrung verborgen, getrennt von der Stadt, obwohl er doch seit Jahrhunderten Europas Tor zum Mittelmeer war. Schon zur Zeit der Seerepublik war der Hafen Genuas Lebenselement: Waren aus aller Welt gelangten durch ganz Europa und haben die Adelsrepublik unermesslich reich gemacht. »Genua war wirklich groß; so groß, dass es auch für die unerreichbarsten und entferntesten unter den Mächtigen unmöglich war, nicht eines Tages dort zu landen«, schreibt der ligurische Autor Maurizio Maggiani in seinem großen Genua-Roman »Die schmucklose Königin«. »La Superba«, die Stolze, wurde Genua damals genannt.

Schon immer war Genua Umschlagplatz für Menschen und Waren aus aller Welt, was sich auch in einer besonders vielschichtigen Musikkultur zeigt. Als wir, von den Genueser Liedermachern begleitet, durch die Altstadt gehen, kommt es uns vor, als hätten sich Gerüche, Farben und Klänge zu einem faszinierenden Mikrokosmos vermischt. Die »cantautori« sind wichtiger Teil der Alltagskultur.

Warum es hier so viele »cantautori« gibt, fragt sich Sergio Alemanno, der zusammen mit dem Gitarristen Franco Piccolo einige der schönsten Genueser Lieder geschrieben hat. »In Genua hat die Bewegung der Liedermacher angefangen, die dann auf ganz Italien übergegangen ist; vielleicht haben wir uns gegenseitig angesteckt. Aber in Genua herrscht eine besondere Stimmung, die das Bedürfnis weckt, sich mitzuteilen. Vielleicht liegt es am Meer, vielleicht an unserem Leben hier. Genua ist schön, wie nur ein Mensch schön sein kann. Wir Genueser spüren eine tiefe Verbindung zu unserer Stadt, und wenn wir gerade zehn Kilometer entfernt sind, packt uns schon das Heimweh und die Leute wollen von uns Liedermachern ›Ma se ghe pensu‹, das nostalgische Lied der Emigranten, hören. Natürlich ist es das schönste Lied der Welt. Aber inzwischen hasse ich es. Vielleicht habe ich deshalb auch angefangen, Lieder auf Genuesisch zu schreiben, weil ich diese nostalgischen Lieder einfach nicht mehr hören konnte.«

Hinter uns taucht eine Schulklasse auf, die sich gerade die sechstausend Tiere im Aquarium angesehen hat. Vierzig schwatzende Kinder schaffen eine durchdringende Geräuschkulisse. »Ich bin ein Genueser Liedermacher«, stellt sich Sergio vor, »einer, der Lieder fabriziert.« Irgendwie hat man das Gefühl, er geht am Morgen in eine Werkstatt am Hafen, und bereits am Abend dringen Melodien heraus.

»Woher kommt ihr?«, fragen wir die Kinder. »Aus Genua Voltri«, also da, wo Sergio regelmäßig das Heimweh packt. »Könnt Ihr vielleicht ›Ma se ghe pensu‹ spielen?«, fragt die Lehrerin. Sergio kann es kaum fassen. »Schon wieder«, sagt er. »Aber es ist doch unsere Hymne«, sagt die Lehrerin und singt mit. Die Szene ist echt, später, aus der Erinnerung, scheint sie eigens für uns bestellt.

Mit dem Blick auf die verankerten Schiffe fallen Franco Piccolo, Musiker und Komponist, ergreifende Momente ein: »Ich habe manchmal herzzerreißende Szenen auf den Schiffen gesehen, vor allem, wenn die Menschen wussten, dass sie nie mehr nach Genua zurückkehren würden. Als ich einmal von Südamerika nach Hause fuhr, stand neben mir ein Mann, der nach vierzig Jahren nach Genua zurückkam. Als die Umrisse der Stadt von weitem am Horizont auftauchten, fürchtete er, dass sein Herz die Freude nicht aushalten würde.«

Er schreibt seine Lieder im Dialekt, erzählt Sergio, weil er so am besten vermitteln kann, was er empfindet. Dabei hat er erst als Erwachsener Genuesisch gelernt. Der Dialekt in Genua und überhaupt an der ligurischen Küste ist wie eine eigene Sprache, die sich sehr vom Italienischen unterscheidet – mit arabischen, spanischen und portugiesischen Einflüssen. Die Handelsbeziehungen der alten Seerepublik, der erst Napoleon Ende des 18. Jahrhunderts ein Ende gesetzt hat, haben sich somit auch im Dialekt gespiegelt. Bis heute ist er in der Alltagssprache und in den Liedern erhalten geblieben.

Sergio Alemanno hat eines seiner bekanntesten Lied über die Genueser Osterien geschrieben, für ihn ein Stück Stadtarchäologie, genauso wie der Hafen, als Genua noch das Tor zum Mittelmeer war. »Ein Teil des alten Hafens lebt weiter wie in früherer Zeit. Da gibt es noch die Molen, wo das Salz entladen wurde. Das ist für mich der eigentliche Hafen, wie es ihn schon vor 200, 300 oder 500 Jahren gab. Hier scheint die Zeit stehen geblieben zu sein. Und inmitten von unendlichen Abfallmengen findet man sich plötzlich in einer engen Gasse wieder, und genau mittendrin liegt eine alte Osteria, in der sich die Hafenarbeiter wie früher treffen. Vor allem in der Nähe des Leuchtturms ist es noch so«, erzählt Genuas wichtigster Chronist Maurizio Maggiani.

Die alten Osterien, denken wir, als Sergio schließlich das Lied singt, Orte, wo sich Menschen begegneten, sich Geschichten von fernen Welten und Prinzessinnen erzählten, und vielleicht ein Lebensgefühl fanden, das es nur in Genua gab.

Wenige hundert Meter weiter, in der Via D'Annunzio, Kolumbus' Geburtshaus im Blick, schwingt sich Musikverleger Fabrizio De Ferrari zwischen Klavier und übervollem Schreibtisch hin und her.

»Genua war die erste Stadt in Italien, die mit dem Jazz in Berührung gekommen ist. Von 1940 an kamen die allerersten Jazzplatten mit den Schiffen aus Übersee hierher, obwohl es noch das Embargo gegen das faschistische Regime gab«, erzählt Fabrizio De Ferrari. »Die ›cantautori‹, die Liedermacher, sind im wahrsten Sinne des Wortes Poeten, eben die Sänger Genuas. Zur ersten Generation, zwischen den sechziger und achtziger Jahren, zählten

Die vielen Gesichter der alten »Superba«

In der Osteria »Sà Pesta« wurde früher Salz gelagert. Heute werden Genueser Gerichte kredenzt, z. B. die traditionelle »Farinata« aus Kichererbsenmehl. (diese Doppelseite)

gan
ASSICURAZION

CALZEDONIA

SV4906

Amaretti
QUALITA CENTENARIA
canestrelli
PANARELLO
€ 10,00
CAFFE'
MISCELA PANARELLO
€ 3,80
Caffè
Caffè

PANARELLO
Amaretti
PANARELLO
SENZA CANDITI
PANARELLO
PANDOLCINO

coccomojo
AFRICA STORE

Genua ist eine pulsierende Stadt und immer in Bewegung. (vorherige Doppelseite 160–161)
Das tiefe Verhältnis zum Meer prägte die Einwohner seit jeher. (vorherige Doppelseite 162–163)
Süße Köstlichkeiten in einer Confetteria (vorherige Doppelseite 164–165)

Eine mittelalterliche Gasse hinter dem »Porto Antico« (linke Seite)
Mitten im Gassengewirr liegt das »Sà Pesta«. (rechte Seite unten)
Die »Piazza de Ferrari« mit dem Springbrunnen (rechte Seite oben)

Die Architektur in Genua zeigt den Gegensatz von Alt und Neu.

Umberto Bindi, Luigi Tenco, Bruno Lauzi. Der allererste Liedermacher war natürlich Mario Cappello, der 1908 geboren wurde. Sein Lied ›Ma se ghe pensu‹ beschreibt das Heimweh der Emigranten, die sich in Argentinien nach Genua sehnen.«
Immer geht es in den Liedern um Stimmungen, Gerüche, um das Leben, die Menschen, um Genua. Die südamerikanischen Einflüsse, Tango- oder Bossa-Nova-Elemente, sind durchaus spürbar. »Gegen Ende des 19. Jahrhunderts gab es von hier aus einen ständigen Strom von Emigranten, die in Brasilien oder Argentinien ein neues Leben beginnen wollten. Brasilianische und argentinische Traditionen haben sich so in die Genueser Musik gemischt. Auch der Genueser Dialekt ist dem Portugiesischen im Sprachrhythmus und im Klang sehr ähnlich.«

Gleich hinter dem Hafen beginnt die Altstadt. Wir gehen durch die Via San Lorenzo hinauf zur Piazza der Kathedrale, die sich, trotz ihrer schwarz-weißen Pracht, inmitten des dichten Gassengewirrs fast ein bisschen verliert. In Genua hat man schon immer eher auf Understatement gesetzt.

Rechts von der Via San Lorenzo steigen wir in eine eng verwobene Welt aus Gassen und quadratischen Plätzen hinab. Das Spiel aus Licht und Schatten vor dem sich ständig verändernden Himmel ist von unvergleichlicher Faszination. Manchmal sind die Gassen so eng, dass sich die Schönheit der Häuser in dunklen

Schatten verliert. Erst in den oberen Stockwerken sind die Fenster wieder dem Meer zugewandt.

Es ist Mittagszeit, und im »Sà Pesta« in der Via Giustiniani brennt schon seit vielen Stunden das Feuer. Allein der Name »Sà Pesta« erinnert an das Meer: »Pestare il sale« bedeutet Salz zerstoßen, wie man es früher im Mörser getan hat. Im »Sà Pesta«, heute eine Osteria, wurde früher das Salz gelagert. Man hat sich hier auf die traditionellen Genueser Gerichte spezialisiert. Allein die Zubereitung der »Farinata« folgt einem uralten Ritual. Morgens um acht zündet Paolo das Feuer im steinernen Backofen an, damit es bis zwölf die notwendige Wärme erreicht hat. Während Cinzia und Antonella die Tische decken, stellt Paolo die Eimer mit Wasser und Kichererbenmehl in der angrenzenden Kammer bereit. Es ist ein fast magischer Moment, wenn Paolo die Mischung aus Wasser, Salz und Kichererbsenmehl in die runde flache Pfanne mit heißem Öl gibt. Kichererbsenmehl wird aus Nordafrika importiert, wobei auch hier wieder die Handelsbeziehungen der alten Seerepublik ins Spiel kommen. Die Handgriffe für die Zubereitung der »Farinata« kann man nur innerhalb einer Familie lernen, sagt Paolo. Sein Urgroßvater hat das Lokal in den Gewölben des alten Salzlagers aufgemacht. Grünweiße Kacheln, weiße Lampen, die wie kleine leuchtende Monde tief von der Decke herabhängen, einfache Holztische und Stühle; die Einrichtung ist über drei Generationen erhalten geblieben. Die drei Geschwister Paolo, Cinzia und Antonella haben dann das Lokal übernommen. Ein bisschen kommt es uns vor, als seien die Wände des »Sà Pesta« noch von den uralten Salzschichten durchdrungen. Denn der alte Genueser Salzmeister, früher ein eigener Beruf, ist in dem Lokal präsent geblieben. Antonella und Cinzia haben Äußerungen über ihn an die Wand gehängt: Er war von vornehmer Erscheinung, immer elegant gekleidet und stets mit einem Lächeln im Gesicht.

Früher ist Koch Riccardo über das Meer gefahren und hat vielleicht ein Stückchen Schiffsleben in die kleine Küche des »Sà Pesta« gebracht. Dort brodeln kleine Aluminiumpfannen vor sich hin, die Zutaten sind so kombiniert, wie man es sich auch für eine Schiffsküche vorstellen kann: Tomatenscheiben, Zwiebeln, Oregano, Fisch.

Seit Stunden schon ist das kleine Lokal von der Wärme des Holzofens durchdrungen. Es ist Mittagszeit, und die ersten Gäste treten ein: eine alte, weißhaarige, gebückte Frau, die ersten Arbeiter. Auffallend viele alte und arme Menschen leben im Stadtzentrum, was einen großen Gegensatz zu den prall gefüllten Auslagen der Geschäfte darstellt. Der Pfarrer aus der nahen Kirche, von allen nur Don genannt, kauft für sich und seine Mutter gefüllte Fische und Gemüsetorte ein. Die salzigen Torten sind typisch für Ligurien, aber nur in Genua sind sie mit einer abschließenden Schicht von cremigem, leicht saurem Käse bestrichen.

Der Handel war seit dem Mittelalter das Lebenselexier der Stadt, und die Läden der Altstadt kommen uns wie ein wichtiger Teil der historischen Identität Genuas vor. Durch seinen nahezu vollständig erhaltenen mittelalterlichen Stadtkern verfügt Genua über besonders viele Zeugnisse des einstigen sozialen Lebens.

Wir gehen durch die Gassen, kaufen Brot und Wein und werden vom Geruch der »Farinata«, die es an vielen Straßenecken gibt, angelockt.

Wir kommen im Vico della Casana an einer traditionellen »Tripperia« vorbei, wo Kutteln zubereitet werden. Die ganze Gasse wird von diesem Geruch erfüllt. »Die alten ›Tripperie‹ sind fast verschwunden«, erzählt Sergio, der darüber ein Lied geschrieben hat. Manchmal weisen intarsienverzierte Marmorportale in der Altstadt auf die längst geschlossenen »Tripperie« hin. Immer sahen sie wie jene in der Via Casana aus: weiße Majolica-Kacheln, blank geputzte Holzbänke, die neben den Kupferkesseln wie aneinander gereihte Schulbänke wirken. »Früher«, erzählt Sergio, »war die Kuttelbrühe das bevorzugte Frühstück der Handwerker und Hafenarbeiter. Die ›camalli‹ waren eine mächtige Berufsgruppe in Genua, die die Waren aus allen Ländern zwischen Hafen und Stadt transportierten. Ursprünglich hießen sie ›caravane‹, nach den Karawanen der Wüste. Diese Berufsgruppe der Hafenarbeiter ist zuerst 1340 entstanden und hat nur in Bergamo geborene

Mitglieder aufgenommen, die sich während einer Pestepidemie besondere Verdienste erworben haben. Die Zugehörigkeit war strengen Regeln unterworfen: Die Herkunft aus Bergamo galt, natürlich neben einer robusten Statur, lange Zeit als Pflicht. Erst 1952 wurde die Gilde per Dekret aufgelöst. Natürlich gibt es sie heute noch, auch wenn sich ihr Berufsbild stark verändert hat. Früher haben sie ein langes weißes Hemd mit verziertem Unterkleid getragen.« Die Kutteln selbst, erinnert sich Sergio, waren früher ein Luxus und besser verdienenden Berufsgruppen vorbehalten. Die Genueser Liedermacher haben die würzige Brühe nach so manchen durchzechten Nächten benötigt.

Wir gehen durch die Via di Macelli di Soziglia und gelangen zur gleichnamigen Piazza, wo seit dem 12. Jahrhundert die Läden und Gilden der Fleischhauer ihren Sitz hatten. Im Gegensatz zu vielen anderen Handwerkern sind die »becai« heute noch präsent.

Die Gilden gibt es zwar nicht mehr, aber viele Gassen sind immer noch nach ihnen benannt. Die meisten der historischen Läden befinden sich um die Piazza Soziglia, im Mittelalter der große Marktplatz Genuas. Mit Marmor und Schiefer wurden nicht nur die Paläste, sondern auch das Innenleben der Läden verziert. Ganz Genua wird von dem faszinierenden Spiel aus weißem Marmor und schwarzem Schiefer beherrscht. Doch wo, mit Ausnahme von Genua, gibt es Lebensmittelläden, deren Wände mit Onyx verziert sind?

Marmor – rot und weiß – war den Läden der »becai«, der Fleischhauer, vorbehalten. Mit Holz und feinen Intarsien verziert sehen ihre Theken manchmal wie profane Altäre aus.

Bei »Nico« sind zwischen Basreliefs und Gewölben neben den Tieremblemen auch die Freiheitshelden Garibaldi und Mazzini abgebildet, die von Genua aus für die Einigung Italiens aufbrachen.

In den meisten Läden haben die Jugendstildekorationen und die typischen Granitböden überlebt. Manchmal erlebt man Überraschungen: Intarsien, farbiger Marmor, ein Spiel mit Perspektiven, wie man es aus Villen und Palästen kennt. Lorbeer- und Rosmarinzweige sehen manchmal neben den ausgestellten Produkten wie Stillleben aus.

Viele der alten »botteghe« erinnern noch an ihre ursprüngliche Funktion im Mittelalter, als die Händler und Handwerker in den hinteren Räumen der Läden samt ihren Tieren lebten.

Ganz anders als in der heutigen Zeit waren die Räume in die Funktionen »leben«, »produzieren« und »verkaufen« unterteilt.

Nur der geringste Raum war zum Publikum hin geöffnet.

In der »storica Polleria« im Vico del Ferro hat man bis ins 19. Jahrhundert die Tiere lebend gehalten. Mit einer Kerze unter dem luftleeren Behälter für Eier hat man deren Frische überprüft: Frisch waren sie dann, wenn ihre Schalen bei Kerzenlicht transparent erschienen.

An der Piazza Soziglia lädt auch die Konditorei Klainguti mit den trüb gewordenen Spiegeln zu einem Kaffee »al banco« oder in den plüschigen Teesaal ein. Hier saß bereits Giuseppe Verdi und hat seinem Lieblingsgebäck den Namen »Falstaff« gegeben.

Gleich nebenan und in der Via degli Orefici befinden sich die Auslagen der Confetteria Romanengo, wo der Duft von Pralinen und kandierten Früchten seit zweihundert Jahren zwischen Stuck, Marmor und Glas den Raum erfüllt und an die schwere Süße des Orients erinnert.

In der Drogherie D'Adamo in der Via Del Campo, der Genueser Gasse, die durch ein Lied Fabrizio De Andrés berühmt geworden ist, glauben wir, zwischen Jutesäcken mit Pfeffer und Muskat, originalen Glasbehältern mit Safran und Kardamon in die Gewürzwelt des Orients einzutauchen. Kamen nicht erst gestern die Schiffe aus Indien und Afrika in Genua an? Und haben wir nicht zwischen den Palmen von Bordighera eine Plantage aus hoch ragenden Pfefferpflanzen gesehen?

Die Läden sind ein Teil der Geschichte Genuas, die seit dem Mittelalter so eng mit dem Handel verbunden war: eine archaische, kosmopolitische Welt, die auch den Liedern erhalten geblieben ist.

Wir sitzen in einer griechischen Osteria, deren Besitzer im Chaos des Innenraumes Erinnerungen an all seine Fahrten über das Meer aufbewahrt hat. Als Liedermacher Max Manfredi hereintritt, holt er seine Gitarre hervor.

»In der Vergangenheit«, sagt Liedermacher Max Manfredi, »war man stolz darauf, aus Genua zu stammen. Das hat mit der großen Vergangenheit der Stadt als ›Superba‹, als Herrin der Meere, zu tun. Manche Geschichten sind bezeichnend dafür, dass überall im Mittelmeerraum genuesisch gesprochen wurde. Wenn sich zum Beispiel die Mannschaft eines Schiffes in der Türkei einem Leuchtturmwärter verständlich machen wollte, dann hat man dies in allen Sprachen versucht, und endlich, wenn man genuesisch mit ihm sprach, hat er verstanden, dass er das Licht des Leuchtturmes löschen sollte.« Der griechische Wirt schenkt weißen Wein ein, und gemeinsam schauen wir uns die ständig wechselnden Farben des Himmels an. »Wenn man in Mailand oder einer anderen Großstadt lebt, ist man immerzu mit der Anonymität der Menschen konfrontiert, die eben auch das eigene Publikum sind. In Genua ist es für mich ein Bedürfnis und eine Freude, ein Konzert zu geben, das im Grunde immer für die eigenen Freunde ist. Selbst wenn man nicht alle im Publikum kennt, ist es so, als würde man für seine Freunde spielen, die einen in jedem Fall verstehen.«

Genua ist immer in Bewegung: eine unablässig pulsierende, schillernde Stadt. Nach der vorbildlichen Sanierung der Altstadt haben sich hier wieder alle sozialen Schichten vermischt. Wir gehen am Fischmarkt in der Via Canneto il Curto vorbei, wo die blau- und schwarzschillernden Sardinen wie ein Abbild der Farben Liguriens sind. Ein paar Meter vom Meer entfernt liegen die kleinen Fische da, mit ihren glänzenden Schuppen fangen sie die Farben des Meeres ein, und vielleicht wirken sie gerade so fürstlich in ihrer Bescheidenheit. »Die Farben Genuas«, sagt Max Manfredi, »verändern sich je nach Klima. Manchmal erinnern sie mich an die schillernden Schuppen der Fische, wie sie morgens auf den Ständen des Fischmarktes ausgebreitet sind, manchmal auch an die dunklen Schattierungen des ligurischen Schiefers. Es sind Farben und Stimmungen, die man niemals ganz fassen kann und die doch allgegenwärtig sind. Ein Licht- und Schattenspiel, wie in den Blättern der Olivenbäume entlang der Küste.«

Genua liegt wie ein Amphitheater am Meer und hat nur zwei Grenzen, sagen die Genueser, den Himmel und das Meer.

Die Genueser, »quella strana gente«, wie Paolo Conte schrieb, diese merkwürdigen Menschen, die irgendwo zwischen Olivenbäumen, dem Meer und Lavendel leben.

»Das Meer ist in den Liedern immer präsent«, sagt Sergio Alemanno, »denn wer in Genua geboren ist, der liebt das Meer. Es ist das große Mysterium, das uns zuerst begegnet.« Schließlich ist der ganze Landstrich so schmal, dass er ständig im Meer zu versinken droht.

»Wir in Genua haben natürlich eine besondere Situation, wir schwanken zwischen Himmel und Meer; wir befinden uns quasi auf ungewissem Boden, ganz nahe am Meer, und wissen nie, was sich unter den Wellen verbirgt.«

Die dunkle Seite der Sirene

Wir fahren durch eine archaische Urlandschaft aus Stein. Manchmal kommt es uns vor, als würden wir von den dunklen Durchgängen in den Dörfern verschluckt, als würden geheimnisvolle Wege in noch tiefere Gewölbe des Erdinneren führen.

Mit der mediterranen Küstenlandschaft der Levante haben die mittelalterlichen Dörfer und dunklen Wälder der Ponente wenig zu tun. So sehr wird Ligurien hier von dem Kontrast zwischen Meer und Wald bestimmt, dass man seine Gegensätze mit dem doppeldeutigen Wesen der Sirene verglichen hat.

Wenn man von Genua Richtung Ventimiglia hinunter zur französischen Grenze fährt, taucht man immer mehr in eine nahezu unberührte Welt von mittelalterlichen Dörfern ein. Schon von Ferne tauchen sie wie kleine Adelsnester um die alten Trutzburgen der Doria auf. Sie wurden im Mittelalter hoch oben um die Überreste der »Castellari«, befestigte Siedlungen aus vorrömischer Zeit, angelegt. Überall hatten die Fürsten ihre Macht und ihre Schutzfunktion gegen die nordafrikanischen Sarazenenüberfälle und gegen die Herren von Ventimiglia oder Genua demonstriert. Daher wurden die Burgen zwischen dem 11. und 14. Jahrhundert auf 200 bis 400 Meter Höhe, auf Hügeln, die gut zu verteidigen waren, und in der Nähe der Wildbäche erbaut. Darunter ordneten sich, von hohen

Mauern umgeben, die Dörfer in konzentrischen Kreisen an, manchmal eidechsenförmig und zur Sonne hingewandt wie in Apricale. Man lebte innerhalb der schützenden Stadtmauern, die man nur morgens, wenn die Glocken das Ave Maria läuteten, für die Feldarbeit verließ. Vor Einbruch der Dämmerung, wenn die Glocke wieder ertönte, kam man in die schützende Gemeinschaft zurück.

Wir fahren durch Dörfer mit hohen Häusern, aus Schiefer und Natursteinen erbaut, und auf unendlich gewundenen Straßen wieder heraus, bevor bereits der nächste Torbogen erneut die Sonne versteckt. In Apricale, Soldano, Perinaldo, Camporosso, Dolceacqua und Triora, wenige Kilometer Luftlinie vom Meer entfernt, sind die steilen Gassen, die alten Brunnen, die abenteuerlich konstruierten Brücken unverändert erhalten geblieben. Heute wacht die Denkmalschutzbehörde in Genua, die »Sovraintendenza alle Belle Arti«, streng über jede bauliche Veränderung. Besonders Apricale mit seinem intakten Dorfkern und den vielen kulturellen Initiativen ist zu einer Art Musterdorf geworden. Hier hat es nämlich auch vor den strengen Auflagen keine Anregungen und Bedürfnisse für Neuerungen gegeben. Die Landwirtschaft – Kartoffeln, Weizen, Mais, Oliven und Viehzucht – war früher die einzige Einnahmequelle. Aus den Eichen der Wälder wurden die Schiffe für die Kriegszüge und den Handel Genuas gebaut. Vielleicht waren die Menschen, wenn sie von der Feldarbeit kamen, später einfach nur zu müde, um ihren Dörfern ein neues Gesicht zu verleihen. Warum sollten sie auch? Das Zusammenspiel aus Solidarität und sozialer Kontrolle hat in den engen Gassen seit Jahrhunderten bestens funktioniert. In Apricale sind die mittelalterlichen Statuten mit den Regeln des dörflichen Lebens erhalten geblieben. Von der harten Strafe für Ehebrecherinnen – sie wurden enthauptet – einmal abgesehen, sieht es nach einer ziemlich weisen Verwaltung vor. Die Statuten legten die Rechtssprechung ebenso fest wie die Preise für Öl und Mehl und die wichtigsten Handwerke, für den Schuhmacher, Bäcker und Weber. Zu jedem Haus gehörte ein Gemüsegarten, in dem Zwiebel, Kohl, Knoblauch und Kräuter angebaut werden mussten. Hanf, Leinen und Ginster verwendete man für das Weben der Stoffe.

Doch nicht nur die Bauweise der Vergangenheit ist, wie die Schieferportale und steinernen Torbögen zeigen, erhalten geblieben. Auch die Zeichen des Elends sind präsent: »Ho fame« – »Ich habe Hunger« – ist auf einem uralten Stein in Apricale eingraviert. In Triora weist ein eigenes Museum auf die düstere Zeit der Hexenverbrennungen hin. Trotz aller dargestellten Schrecken scheint uns das Museum wie eine Art Wiedergutmachung an den verbrannten Frauen, denen man verspätete Ehre erweist.

In Baiardo, auf 910 Meter über dem Meer das höchste Dorf der Ponente, finden wir die Überreste eines Tempels, Zeichen

Im Hinterland von San Remo

Die Hexen von Triora (links)
Häuserfassade in Alassio (Mitte)
San Remo, bekannt für seine Palmen und Blumen (rechts)

Brücke von Dolceacqua (nachfolgende Doppelseite 184–185)
Die Bauweise der Vergangenheit ist in Apricale erhalten geblieben. (nachfolgende Doppelseite 186–187)
Palmen, wohin man auch sieht (nachfolgende Doppelseite 188–189)

Die Küste zwischen Alassio und Laigueglia
bietet viele Badefreuden.

San Remo

heidnischer Bräuche in dieser archaischen Urlandschaft. Vielleicht treiben sich hier in manchen Vollmondnächten die Geister herum? Wir kommen an alten Bergkirchen vorbei, die mehr als nur Orte der religiösen Verehrung waren. Auf der Rückseite der Kirchen sind, wie in Santa Maria degli Angeli in Apricale, immer auch die Schutzräume für Menschen und Tiere bei Unwettern angebracht. Denn überall im schmalen Streifen Land war man daran gewohnt, der Unberechenbarkeit der Natur ausgeliefert zu sein.

Es ist später Nachmittag im April. Mit Mariella, die hier geboren, und Anna, die aus Deutschland gekommen ist, fahren wir von Apricale hinunter zum Meer. Viele der früher halbleeren Dörfer sind zu einem bevorzugten Wohnort oder Alterssitz für Ausländer, die Ruhe suchen, geworden. Der Tourismus, der Handel mit Öl und Wein von hoher Qualität, das Geld, das die hier lebenden Fremden bringen – all dies ist zu einer wichtigen Einnahmequelle geworden. In der Freundschaft von Anna Velte und Mariella Buscaglia haben sich beide Kulturen zu einem wirklichen Dialog vermischt. Andere Fremde, viele aus Norditalien, Deutschland, Holland und der Schweiz, leben in einer Welt für sich. In den meisten Dörfern machen sie inzwischen einen nicht unbeträchtlichen Teil der Bevölkerung aus.

Auf der neu erbauten Straße hinunter zum Meer fahren wir bei strahlender Sonne von der steinernen Welt des Hinterlandes in die heitere und mondäne Welt der Palmen hinein. Es sind gerade vierzehn Kilometer bis zur Küste, wenige Kilometer noch bis zur französischen Grenze. Der Dialekt ist bereits mit vielen französischen Ausdrücken versetzt. »Zuerst waren die Palmen da«, sagt Anna, »der heilige Ampelius, ein Einsiedlermönch, hat ihre Samen schon im 5. Jahrhundert unter seiner Kutte verborgen aus Ägypten an die Küste gebracht, obwohl das verboten war.« Es war sein Geschenk an die Bevölkerung, und bis heute ist er ihr Schutzpatron geblieben. Heute befindet sich in Bordighera der nördlichste Palmenhain der Welt. Palmen gedeihen normalerweise nicht unterhalb des 26. Breitengrades. Bordighera liegt zwar auf dem 43., in der geschützten Bucht herrscht jedoch zu jeder Jahreszeit ein besonders mildes Klima. Dies zog bereits im 19. Jahrhundert viele Ausländer, zunächst vor allem Engländer, hierher. Ein in England lebender Bordighese, Giovanni Ruffini, dem man inmitten der Palmen ein Denkmal setzte, hat von der exotischen Landschaft erzählt. Damals erlebte Bordighera seinen Aufschwung als »Stadt der Palmen«. Die meisten Jugendstilvillen und Hotels wurden Ende des 19. Jahrhunderte erbaut, viele davon vom französischen Stararchitekten Charles Garnier. Heute ist das berühmte Hotel »Angst«, das einst gekrönte Häupter beherbergte, ein riesiger, verfallender Palast, dessen vergangene Geschichte aus jedem Bruchstück der morschen, grünen Fensterläden blickt. Man lässt es absichtlich verfallen, sagt Mariella, und macht irgendwann Ferienwohnungen daraus. Ein trauriger Anblick, ein Stück Geschichte, das unwiderruflich zu Ende geht. Wir spazieren zwischen hochragenden Palmen und wuchernden Agaven, fetten Aloen und Kaktusfeigen hindurch, die einen dunkelgrünen Teppich über dem Meer bilden. Hat ihnen die salzige Luft seit der Zeit des heiligen Ampelius besondere Vitalität verliehen? Wir befinden uns am südlichsten Punkt Norditaliens, sagt Anna, als wir am »Cap Ampelio« stehen. Das ins Meer vorgelagerte Kap ist nach dem Heiligen der Palmen benannt. Hier befand sich früher eine kleine Lagune, um die sich zunächst ein paar Fischerfamilien, die ersten Einwohner Bordigheras, angesiedelt haben. Vor uns, in all seiner gleißenden Schönheit, liegt das Meer. Die laute Via Aurelia liegt genau hinter uns.

In ihrer Kindheit, erzählt Mariella, hat man in San Remo Orangenblüten und Blumen gerochen. Heute riecht man vor allem Autoabgase. In den sechziger Jahren hat man die Weichen für ein völlig verfehltes Stadtentwicklungsmodell gestellt. Vor allem San Remo mit seinem berühmten Blumenmarkt – der inzwischen nach Arma di Taggia verlagert wurde – ist dieser Fehlplanung zum Opfer gefallen. Die Via Aurelia stellt die wichtigste Verbindung zwischen Ost- und Westligurien her, hat letztendlich aber auch zu einem starken Durchzugsverkehr entlang der Küste geführt. Wir gehen durch die Altstadt, und plötzlich ist der Lärm der Aurelia unendlich weit entfernt. Stadttore und Wehrtürme erzählen davon, wie gefährlich das Leben zur Entstehungszeit von Bordighera im 14. und 15. Jahrhundert war. Das Meer brachte das Leben und den Tod.

Schon auf der Fahrt hinunter hat uns Anna von Claude Monet erzählt, der hier in den Wintermonaten 1884 über vierzig seiner wichtigsten Bilder gemalt hat. Immer wieder war es für ihn eine neue Herausforderung, die Sonne und die Farben Liguriens auf der Leinwand einzufangen. Anna hat das Buch über Monet dabei, und gemeinsam schauen wir uns an, was von der ursprünglichen Landschaft erhalten geblieben ist.

Monet scheint seine trübe Stimmung in Bordighera überwunden zu haben. Er kämpfe jeden Tag damit, schrieb er an seine geliebte Alice, die Landschaften und die Stimmungen an der Riviera auf die Leinwand zu bannen. Und plötzlich haben sich die Bilder für uns verdoppelt: Wir sehen die Palmen, den knorrigen Ginkgobaum, den Wehrturm unten am Fluss – wir sehen sie in der Realität und wir sehen sie von Monets Pinsel gemalt, in starken und sanften Strichen, weiß, blau und gelb. Um uns verbreitet sich betäubender Geruch von Ginster, der im Freien wächst. Überall in diesem Abschnitt der Riviera haben die Treib- und Gewächshäuser aus der Vergangenheit auch das Gesicht der Landschaft bestimmt und zu dem gängigen Namen »Blumenriviera« geführt. Durch die Konkurrenz aus den Billiganbauländern setzt man inzwischen auf Qualitätsprodukte und Blumenanbau im Freien mit geringem Energieverbrauch:

Mimosen, Ginster, Ziergrün und Gerbera. Die meisten Blumenanbauer beklagen den rapiden Preisverfall, der auch mit der allgemeinen wirtschaftlichen Lage zusammenhängt. Deutschland ist immer noch der wichtigste Abnehmer, jeden Tag brechen Lastwägen voller Blumen von hier aus auf. Doch von Blumen allein kann heute kein Anbauer, sondern bestenfalls noch der Großhändler leben. Daher wird um die Produktion von hochwertigem Öl und Wein erweitert.

An dem betäubenden weißen Ginster vorbei gehen wir den »Beodo« entlang, der früher Wasserversorgungs- und Speicherkanal der Häuser und Gärten Bordigheras war. Vorbei an umzäunten Villen, großen und kleinen Palmen, die sich in ihrer exotischen Pracht immer wieder vor dem Meer verneigen. Früher gab es hier einen riesigen Palmenwald, sagen unsere Begleiterinnen, aber als die Häuser entstanden, mussten viele Palmen weichen. Vermutlich sind die Palmen, unabhängig von der Legende und dem Heiligen, durch die zahlreichen Schiffe von der nordafrikanischen Küste, deren Proviant zum Großteil auch aus Datteln bestand, hierher gekommen.

An der geschlängelten Linie des alten Wasserkanals hinab gelangen wir an das Flussufer des Sasso und damit in eine verzauberte Welt: Vor uns liegt eine fantastische Märchenlandschaft aus Stein.

Schon von weitem sehen wir, dass eine geniale Künstlerhand das Flussbett des Sasso mit Skulpturen, Fabelwesen und Tieren umsäumt hat. Am Eingang stehen gebieterische Katzen, deren stolze

Köpfe aus steinernen Säulen ragen und die mit ihrem allwissenden Blick den verzauberten Garten mit seinen mythischen und realen Gestalten bewachen. Auch ein paar Menschen befinden sich, in Beton gegossen oder in Stein gehauen, darunter. Aber hier wirken sie wie belanglose Wesen in einer archaischen Welt, die geradewegs in die Urgründe der ligurischen Landschaft führt. Der Künstler Marcello Cammi hat diese verzauberte Märchenlandschaft geschaffen, seine Witwe Valentina inzwischen ein kleines Museum, einen Ort voller Geheimnisse, daraus gemacht.

Das Tor zum Garten steht weit offen. Leise, die stummen Katzen respektvoll um Erlaubnis bittend, treten wir ein. Gleich am Eingang sehen wir Schafe, die mit ihren surrealen Köpfen die Wiesen, Flussbette und Wälder Liguriens bewachen. Wir begegnen halb tierischen, halb menschlichen Gestalten, die auf den ersten Blick Furcht erregend, aber mit ihren seltsamen Grimassen doch liebevoll wirken und alle Ängste und Leidenschaften der Menschen zu kennen scheinen. Wir begegnen Fabelwesen, die aus Steinen entstehen und eine einmalige Symbiose mit den Pflanzen und dem Wasser bilden. Menschengruppen reihen sich nebeneinander, die ebenfalls direkt aus einer fantastischen Urlandschaft zu stammen scheinen. Sich selbst hat der Künstler, 1994 verstorben, auf einem Fahrrad abgebildet. War er zwischen verschiedenen Welten unterwegs? Es ist, als würde sich in einer betörend archaischen Welt manchmal der

Vorhang öffnen und Marcello Cammi, ihr Erschaffer, ihn sofort leise schmunzelnd wieder zurückziehen.

Wir sind glücklich, unbeobachtet durch den Garten von Arziglia zu gehen, kommt er uns doch wie das geheime, kongeniale Abbild der ligurischen Urlandschaft mit all ihren Mythen, Schrecken und Tröstungen vor. Hat es in den vergangenen Jahrtausenden in der archaischen Welt der Steine so ausgesehen? Verwundert blicken uns die Katzenwesen an. Mit ihren allwissenden Augen gleitet die schnelllebige Welt der Menschen an ihnen vorbei. Sie allein scheinen den geheimen Grund für das Schaffen Marcello Cammis zu kennen. Ebenso leise, wie wir gekommen sind, gehen wir an den stolzen Katzenwesen hinaus, wohl wissend, dass wir ihren stummen Blick bis an das Ende unserer Reise – und vermutlich auch noch länger – nicht mehr vergessen werden.

An diesem Tag werfen wir nur einen schnellen Blick auf das Meer, das uns in seiner glatten Heiterkeit merkwürdig gleichgültig lässt, und fast erleichtert fahren wir am späten Nachmittag in die Wälder zurück.

Alte Steine und dunkle Gassen ohne Sonnenlicht erwartend, dringen wir in die Gewölbe der Altstadt von Dolceacqua vor. Zum Schutz gegen Erdbeben und ungebetene Besucher wurden die Häuser im 12. und 13. Jahrhundert eng nebeneinander gebaut und durch Torbögen gestützt. Vor allem die oberen Stockwerke mit weitem Blick bis zum Meer erzielen auf dem Ferienwohnungsmarkt inzwischen Höchstpreise, sagt Anna. Ohne noch zu wissen, wie uns geschieht, treten wir in das »Visionarium« ein. »Die Heiligen drei Könige, dargestellt in einer Krippe aus Stein, bringen Gold, Silber und Träume dar«, lesen wir auf der Rückseite einer alten Fotografie im Eingangsbereich, »vom Geruch der Erde und den uralten, harmonischen Bewegungen der Menschen« auf einer anderen. Eugenio Andrighetto ist Handwerker, Kinovorführer sowie Dokumentarfilmer und lädt in sein selbst geschaffenes Ligurien ein. Neugierig nehmen wir auf ausgedienten Kinostühlen Platz und bekommen dunkle Brillen verpasst, die den Bildern auf der Leinwand eine tiefere Dimension verleihen. Als die Musik erklingt, tauchen auf der Leinwand atemberaubende Bilder von den unbekanntesten, schönsten Ecken Liguriens, dem oberen Tal der Nervia, auf. Wir sehen das Innere verlassener Häuser, und der brennende Kamin ist so nah, dass das Feuer vor uns einladend zu prasseln scheint. Früher, erfahren wir, waren die Häuser mit wenig mehr als hölzernen Truhen, einem Bett und einem Tisch ausgestattet. Wir sehen Menschen bei der Feldarbeit und beim Hüten der Schafe.

Wir sehen schneebedeckte Berge auf 3000 Meter Höhe, wo die wilde Nervia entspringt, wir erleben faszinierende Landschaften, wo die Wiesen von wilden Orchideen und Narzissen, den heiligen Blumen der Venus, eingerahmt sind, während gleichzeitig ein betörender Duft durch das ganze kleine Kino dringt. Wir sehen den

Nachthimmel über verlassenen Hütten, und plötzlich ist es, als hätten sich alle Bilder, Töne und Gerüche Liguriens zu einem verzauberten Raum verdichtet, der weit von uns entfernt und doch ganz nahe vor uns liegt. Wir hören rauschende Wasserfälle in unzugänglichen Tälern und sehen tiefe Höhlen in ewigem Dunkel, in die doch ab und zu durch einen winzigen Spalt das gleißende Licht der Sonne dringt. Hier, im Innersten Liguriens, könnten die steinernen Katzenwesen aus Marcello Cammis Zaubergarten zuhause sein.

Die Geschichte, die Eugenio Andrighetto erzählt, klingt so, als wäre sie eigens für Besucher erfunden. Eigentlich ist er Kinovorführer in Dolceacqua und hat das Filmemachen aus der konkreten Anschauung gelernt. Jahrelang hat er sich in den verlassenen Tälern auf die Suche nach Bildern, Gerüchen und Geräuschen gemacht und daraus sein dreidimensionales Schauspiel über die verborgenen Harmonien und die geheime Seele der ligurischen Landschaft konstruiert.

Am Ende des Schauspiels sehen wir den Mond über verlassenen Häusern, die strahlende Sonne über Bergkirchen und Sterne, die direkt aus dem Himmel auf den Betrachter zu fallen scheinen: eine komprimierte, verdichtete Realität – eine Märchenwelt, die doch in all ihren Elementen real ist. Schließlich ist auch das grandiose Feuerwerk auf der Leinwand nur ein blasses Abbild dessen, was jeden Tag den Sternenhimmel erfüllt. An manchen Orten, wie auf den verlassenen Bergwiesen von Rocchetta Nervina oder dem Monte Lega bei Pigna, haben vermutlich die Götter, Fabelwesen und Elfen schon immer gelebt. Ob man sie heute noch in manchen Vollmondnächten sieht? Eine ihrer Nachbarinnen beschäftigt sich mit Mystik, sagt Anna, sie findet hier ein weites Betätigungsfeld.

Sie hat noch nie so etwas Faszinierendes gesehen, sagt Anna beim Hinausgehen. Jedes Mal, wenn sie das Schauspiel sieht, fühlt sie sich wie ein anderer Mensch. Eugenio Andrighetto lächelt still vor sich hin, weil er schon weiß, dass seine ligurischen Visionen alle Sinne berühren. Beim Hinausgehen zeigt er uns noch die Burg der Doria, die er eigenhändig aus Olivenholz nachgebildet hat. Die Frage, ob er seine Heimat liebt, haben wir dann nicht mehr gestellt.

Am anderen Ende der Piazza suchen wir die Cantina Sociale auf, wo die meisten Anbauer um Dolceacqua ihre Trauben abliefern. Der berühmte »Rossese« wird hier ausgeschenkt und in Flaschen verkauft. Wir kennen den seltenen Wein, den es nur hier gibt, von früheren Besuchen und wissen, dass er zuerst leicht und fast lieblich und dann nach der Herbheit der Landschaft und nach wilden Früchten schmeckt. Nach dem Schauspiel im »Visionarium« scheint uns der Wein einmal mehr der Inbegriff des doppelten Wesens der ligurischen Landschaft zu sein.

Mariella denkt an das traditionelle Sonntagsgericht ihrer Kindheit: geschmortes Kaninchen in Rossese. Jeden Sonntag gab es Kaninchen mit Oliven, sie konnte es, obwohl es einmalig gut schmeckte, irgendwann nicht mehr sehen. Ihre Großmutter war aus Apricale und hat natürlich jeden Sonntag das ligurische Nationalgericht gekocht. Ihr Leben lang wird Mariella sich an diesen Geschmack erinnern. Mitsamt dem Fell wurde das Kaninchen über das Feuer gehalten, um das Fleisch weicher zu machen. »Brüscau«, heißt es im Dialekt, abgeflammt, sagen professionelle Köche dazu. Mit Rosmarin wurden die Innereien zu einer köstlichen Sauce für Tagliatelle verarbeitet, das Kaninchen in Öl und viel Rossese geschmort. Ziege mit weißen Bohnen, den berühmten Bohnen aus Pigna, ist das zweite Nationalgericht der Ponente. Was gab es sonst zu essen, und was ist davon erhalten geblieben? Gefüllte Zucchiniblüten oder die ligurische Pizza, mit vielen Tomaten und schwarzen Oliven belegt, mit Kräutern gefüllte Ravioli oder ausgebacken, mit Kürbissen gefüllt. Und dann fällt Mariella die »Fidelanza«, das Gericht der Landarbeiter mit seinem unvergleichlichen Geschmack, ein. Als Pastasauce wurden Tomaten, Knoblauch, Kräuter und Öl mit Wurststücken, Oliven und einem Schuss Rossese geschmort. Im Sommer gibt es damals wie heute den »Condiglione«, einen Salat aus Tomaten, Zwiebeln, Paprika, Gurken, Basilikum, Sellerie mit Oliven und Sardellen. Vieles, was heute als Vorspeise gereicht wird, die salzigen Gemüsetorten etwa, aß man früher als Hauptgericht, bestenfalls noch Brot, Tomaten und am Ende frische oder getrocknete Feigen dazu.

In der alten Cantina Sociale von Dolceacqua treffen sich wie in früheren Zeiten die Bauern jeden Samstag zum Singen und Weintrinken. Mario ist an diesem Abend alleine da, und Anna und Mario fangen auch ohne Begleitung an, die alten ligurischen Lieder zu singen an. Mario Cassini ist 87, besitzt fünfhundert Olivenbäume, die er immer noch alleine bestellt, und baut Zeit seines Lebens »Rossese« an. Mit fünfhundert Olivenbäumen war man früher ein reicher Mann. Doch wer auch nur einen Olivenbaum sein Eigen nennt, erinnern wir uns, stirbt niemals arm.
Singen ist ihm wichtig, sagt Mario, es reinigt seine Seele, wenn er abends müde von den Terrassen nach Hause kommt. Wir trinken Rossese Superiore und hören ihm zu, wie er von Ligurien, der unsterblichen Liebe zwischen Erde und Meer, erzählt. Ich habe dich immer geliebt, sagt die Erde zum Meer, ich trage deine Spuren, du bist meine Wahrheit und mein Mysterium. Ohne dich bin ich wie ein Kind ohne Kindheit, wie ein Dichter ohne Träume, sagt das Meer.

Auf der alten Brücke verabschieden wir uns. Da oben liegt sein Haus, sagt Mario, die Sonne weckt ihn jeden Morgen auf, hinter den Bergen liegen seine fünfhundert Olivenbäume, die Weingärten sind dazwischen verstreut. Seine Augen und Gesten erzählen uns vom Glück, an der Ponente zuhause zu sein. Anna und ich schauen uns an: Wir haben die Sirene gesehen!

Rezepte

Zutaten

8 Zitronen
zwei Blätter
1 Liter 70 % Alkohol
1/2 Liter Wasser
1/2 Kilo Zucker

Zitronenlikör

Die unbehandelten Zitronen hauchdünn schälen (es soll möglichst wenig vom Weißen der Schale dabei sein!), die Schalen in den Alkohol, mit Wasser und Zucker vermischt, geben. 14 Tage in einem abdeckten Glasgefäß im dunklen Raum ruhen lassen. Dann die Flüssigkeit abseihen und in Flaschen füllen. Hält sich mehrere Monate.

ENOTECA
"D'UU SCINTU"
VINI E PRODOTTI TIPICI
DELLE 5 TERRE
LOCAL WINE AND PRODUCTS
"D'UU SCINTU"
Tel. 0187 920965
This shop ships through
MAIL BOXES ETC.:
MBE can carefully pack
your items and ship them
around the world with
the best experienced carriers
€ 32,00
€ 8,50
€ 11,30
€ 26,00
€ 3,00
€ 4,50
€ 5,00

Zutaten

- 320 g Carnaroli-Reis
- 1 Artischocke
- 1/2 Zwiebel
- 1/2 Porree
- 1 Lorbeerblatt
- 250 g Scampi
- 50 g Butter
- 50 g Grana Padano
- 100 g Pesto
- 3 El Olivenöl
- 15 g Knoblauch
- 1,5 Liter Fisch- oder Gemüsebrühe

Risotto mit Scampi und Artischocken

Klein gehackte Zwiebel, Artischocke und Porree mit dem Lorbeerblatt in Öl andünsten. Den Reis zugeben und leicht bräunen, danach die heiße Brühe Tasse für Tasse zugeben und ständig umrühren.
Nach ca. 14 Minuten, wenn der Reis fast gar ist, die Scampi zugeben, danach das Pesto, Butter, Knoblauch und schließlich den Käse.
Ganz heiß servieren.

(Rezept von Alessio Podestà,
Küchenchef im »Casa della gente di mare« in Camogli)

Zutaten

4 Scheiben Schwertfisch
Für die Sauce:
4 rote Zwiebeln
40 g Honig
40 g Zucker
300 cl Apfelessig
15 g Rosinen
15 g Pinienkerne
300 cl Weißwein
40 g Butter

Schwertfisch mit Zwiebeln und Rosinen

Essig, Zucker, Honig und Wein mischen, die Zwiebeln in Ringe schneiden und in der Flüssigkeit dünsten. Öl, Pinien und Rosinen zugeben und köcheln, bis die Flüssigkeit fast ganz verdunstet ist.

Den Schwertfisch (oder eine andere Fischart mit festem Fleisch) auf beiden Seiten 5–7 Minuten in Öl anbraten und die Sauce darübergeben.

(Rezept von Alessio Podestà,
Küchenchef im »Casa della gente di mare« in Camogli)

£2200
£2200

Zutaten

3 Bund Basilikum (etwa 36 Blätter)
Pinien
2 Knoblauchzehen
Salz
50 g Pecorino
50 g Grana Padano

Pesto

Die Basilikumblätter abzupfen und waschen, zusammen mit etwas Salz in den Marmormörser (oder das elektrische Rührgerät) geben, den Knoblauch, die Pinien und am Ende den Käse zugeben. Nach und nach das Olivenöl beifügen und so lange rühren, bis eine cremige Masse entsteht. In einer großen Schüssel mit den Nudeln vermischen und der Sauce etwas Nudelwasser zugeben.

Das Genueser Originalrezept war ursprünglich ohne Pinienkerne! Man kann das Pesto auch mit dem Wiegemesser mehr oder weniger fein hacken.

Am besten eignen sich Trenette oder Trofie dazu. Traditionell werden eine in dünne Scheiben geschnittene Kartoffel und eine Handvoll grüner Bohnen im Nudelwasser mitgekocht (wenige Minuten vor den Nudeln in das heiße Wasser geben.) Das Pesto kann man sehr gut in Eiswürfelbehältern (mit Folie auskleiden!) einfrieren und portionsweise entnehmen.

Zutaten

- 1 Zwiebel
- 20 g getrocknete Steinpilze
- 1 Knoblauchzehe
- Petersilie, Thymian
- 1 Peperoncino
- etwas Salz
- 3 EL Olivenöl
- 1 Dose geschälte Tomaten oder 500 g frische
- 1 Glas Weißwein
- 400–500 g kurze Nudeln

Penne mit Steinpilzsauce

Etwa 20 g getrocknete Steinpilze zwanzig Minuten in lauwarmem Wasser einweichen. Die klein gehackte Zwiebel und Petersilie in drei Esslöffel Olivenöl andünsten. Eine Knoblauchzehe und eine kleine getrocknete Peperoncino-Schote zugeben. Nach fünf Minuten die Pilze und eine Prise frischen Thymian zugeben, mit einem Glas Weißwein ablöschen. Die geschälten Tomaten (frisch oder aus der Dose) und das Pilzwasser zugeben, 45 Minuten köcheln lassen.

Je nach Geschmack mit Parmesan servieren.

(Rezept von Antonia Sassarini, Vernazza)

0 - 24
PARMACOTTO
Qui è di casa la qualità
SALUMI FORMAGGI
FRUTTA e VERDURA
PRODOTTI LOCALI
VINI
PARMACOTTO
Qui è di casa la qualità
SALUMI FORMAGGI
FRUTTA e VERDURA
PRODOTTI LOCALI
VINI
VENDESI
POSTO AUTO
IN VIA
PREMIUM BANANAS
PREMIUM BANANAS
LA COSTIERA
FRIGOFRUTTA
MISS TROPEA

Zutaten

- 700 g Zucchini
- 100 g Ricotta (alternativ Bechamelsauce)
- 6 El Öl
- 1/2 Knoblauchzehe
- 3 Eier
- 4 Löffel geriebenen Parmesan
- Majoran
- 50 g klein gehackte Zwiebel
- etwas gehackte Petersilie
- Salz, Pfeffer

Zucchinitorte

Die Zucchini waschen und in dünne Scheiben schneiden. Mit Knoblauch, Öl und Zwiebel in einer Pfanne anrösten. Zugedeckt ca. 10–15 Minuten bei gelegentlichem Umrühren bräunen lassen. Petersilie beifügen, in eine Schüssel geben. Ricotta (ersatzweise Bechamel), Parmesan, die aufgeschlagenen Eier, Majoran, Salz, Pfeffer zugeben. Den eingefetteten Boden einer Springform mit einer Schicht fertigem Mürbeteig ausschlagen.

Die Zucchini-Käse-Masse darübergeben und mit Teigstreifen verzieren. 35 Minuten bei 180 Grad im Backofen backen.

(Man kann statt der Zucchini auch andere Gemüse der Saison, z. B. Mangold oder Kartoffeln, gekochten Reis mit getrockneten Pilzen vermischt oder Kürbis verwenden.)

(Rezept von Caterina Colombo, Vernazza)

€ 13,00
PRODOTTI TIPICI LIGURI
CINQUE TERRE
PERE ARGENTINE
€ 2,50
SALVI

Zutaten

1 Knoblauchzehe
Petersilie
20 getrocknete Tomaten
eine Handvoll Pinienkerne
1 Peperoncino
400–500 g Spaghetti

Pasta mit getrockneten Tomaten und Pinien

Petersilie, Knoblauch, Pinien (am besten vorher einweichen), Peperoncino und Tomaten fein hacken, kurz in 3 Esslöffeln Olivenöl schwenken. Die gar gekochten, abgetropften Spaghetti in die Pfanne geben und 1–2 Minuten darin schwenken.
Mit Parmesan und, wenn man will, einer Handvoll Rucola servieren.

Zutaten

700 g Tintenfische
1 Knoblauchzehe
3 El Olivenöl
1/2 Zwiebel
Sellerie, Karotte
1/2 Glas Weißwein
Tomatenpüree
Thymian, Majoran, Salz, Pfeffer
geröstete Brotscheiben

Tintenfischragout

Die Tintenfische (geht gut mit tiefgefrorenen) waschen und in Ringe schneiden. Mit Zwiebel, Sellerie, Karotte und Knoblauch in einen Topf geben (am besten aus Ton). 5 Minuten anbraten und mit dem Wein ablöschen. Nach 5 Minuten das Tomatenpüree zugeben. Und 20 Minuten bei mittlerer Hitze köcheln lassen, gelegentlich umrühren. Majoran und Thymian zugeben.
Mit Salz und Pfeffer würzen. Am Ende die klein gehackte Petersilie darüberstreuen.

Mit gerösteten Brotscheiben servieren. Mit etwas mehr Tomatensauce schmeckt dieses Gericht auch zu Spaghetti sehr gut.

Zutaten

4 Zucchini
1 Zwiebel
2 Knoblauchzehen
2 EL Olivenöl
300 g gemischtes Hackfleisch
1 eingeweichtes Brötchen
eine Handvoll Basilikumblätter
Salz, Pfeffer
80 g Parmesan
Oregano
3 Fleischtomaten
1 Glas trockener Weißwein

Gefüllte Gemüse

Die Zucchini waschen und der Länge nach halbieren, das Fruchtfleisch herauslösen.

Die klein gehackte Zwiebel mit dem Knoblauch in Öl andünsten, mit den übrigen Zutaten, dem Zucchinifleisch und dem Käse mischen.
Die Zucchinihälften innen salzen, pfeffern und den Hackfleischteig hineingeben. In eine feuerfeste Form füllen. Mit Olivenöl beträufeln, klein gewürfelte, geschälte Tomaten und den Weißwein in die Form geben. Bei 200 Grad ca. 45 Minuten im Ofen backen lassen.

(Dies ist ein etwas abgewandeltes ligurisches Rezept der Autorin. In Ligurien wird die Füllung meist ohne Hackfleisch, nur mit dem Fruchtfleisch, Käse, Semmelbrösel und Kräutern, vermischt. Das Rezept schmeckt gut, wenn man verschiedene Gemüsearten, kleine Auberginen, Zwiebeln, Paprika, verwendet. Anstelle von Hackfleisch kann man die gleiche Menge gekochten Reis verwenden.)

Zutaten

600 g Sardinen
4 mittelgroße Kartoffeln
1 Knoblauchzehe
2 frische, in Würfel gehackte Tomaten
1 Zweig Rosmarin
etwas gehackte Petersilie
Oregano
Salz, Pfeffer
Olivenöl

Sardinen mit Kartoffeln und Tomaten (»Tegame di Vernazza«)

Auf dem Boden eines gut geölten Backbleches die in Scheiben geschnittenen (gewaschenen und abgetrockneten) Kartoffeln und die gehackte Knoblauchzehe verteilen. Darauf eine Schicht gewürfelte Tomaten und etwas Rosmarin geben. Mit Öl beträufeln und bei 180 Grad 30 Minuten backen. Aus dem Backofen nehmen.
Die ausgenommenen und gewaschenen Fische daraufgeben. Mit Oregano, Salz, Pfeffer und Petersilie würzen, weitere 15 Minuten bei 200 Grad im Backofen garen.

Acqui Terme
Alessandria
Bormida
Ovada
Tánaro
Piemonte
Monte di Ratto
685
Langhe
Turin
Monte Ermetta
1267
Mondovi
Varazze
Savona
Alpi Marittime
Monte Settepani
1786
Capo di Vado
Noli
Capo di Noli
Alpi Liguri
Punta Margarueis
2650
Pizzo d'Ormea
2650
Colle di Tenda
1871
Finale Lígure
Riviera di Ponente
FRANCE
Albenga
Alássio
Capo Mele
Monte Ceppo
1627
Apricale
Dolceácqua
Tággia
Impéria
Ventimiglia
San Remo
Nizza
Bordighera
Menton
MONACO
Monte-Carlo

Turin
Parma
Emilia Romagna
Monte Antola 1597
Monte Oramara 1522
Monte Ragola 1710
Monte Barigazzo 1284
Monte Cervellino 1492
Monte Molinático 1549
Monte Sillara 1861
Monte Góttera 1622
Appennino Ligure
Lorsica
Santa Maria del Taro
Val Fontanabuona
Pontrémoli
Lunigiana
Appennino Tosco Emiliano
Toscana
Nervi
Génova (Genua)
Sori
Camogli
Rapallo
Chiávari
Lavagna
Portofino
Sestri Levante
Carródano
Brugnato
Cinque Terre
Lévanto
Monterosso
Vernazza
Corníglia
Manarola
Riomaggiore
La Spézia
Sarzana
Carrara
Lérici
Massa
Portovénere
Ísola Palmára
Pisa
Golfo di Génova
Riviera di Levante
Riviera di Versília
Mar Lígure
N
0
15 km
© Felix Amode

Die Autoren

Dorette Deutsch (Text): Die Autorin lebt seit achtzehn Jahren an der ligurischen Küste und hat in den letzten Jahren für den ARD-Hörfunk und viele Zeitschriften (SZ, Brigitte) über Umweltprobleme und Traditionen Liguriens berichtet. Von ihr sind bereits zwei Bücher zu Ligurien, ihrer Seelenlandschaft, erschienen. Oberhalb des Hafens von Vernazza bestellt sie ihren eigenen Olivenhain.

Wolfgang Krammer (Fotos): Geboren 1955 in Wien, erste Belichtungen 1958, erste Veröffentlichung 1977, seit vielen Jahren (vor allem in Österreich und Italien) mit der Kamera unterwegs, Ausstellungstätigkeit und Arbeit für Reisezeitschriften. Schwerpunkte sind Landschaft, Reise, vermehrt auch Stadtlandschaften. Betreibt überdies gemeinsam mit seiner Frau eine Fachbuchhandlung in Wien.